卖货文案

[系统 × 实用 × 全面
新手变高手的进阶指南]

就该这样写

从无人问津到万人疯抢，卖货文案就是销量扳机

高清芸 ◎ 著

底层逻辑 + 实战技能 + 案例解析

机械工业出版社
CHINA MACHINE PRESS

这是一本从品牌营销的角度来讲文案写作的书。全书详细阐述了文案写作前如何进行定位，如何厘清卖点，如何锁定用户，如何建立信任，如何构建场景；动笔写作时如何搭建框架，如何搜集资料，如何进行优化，如何进行包装设计，如何进行整体检查。通过阅读本书，一个文案新手也能清晰地掌握卖货文案从思考到落笔的整个过程，真正实现从零开始学写卖货文案。

本书可以帮助文案人员、企业营销人员、创业者少走弯路，以低成本实现营销增长。

图书在版编目（CIP）数据

卖货文案就该这样写/高清芸著. —北京：机械工业出版社，2021.7
ISBN 978-7-111-68594-4

Ⅰ.①卖… Ⅱ.①高… Ⅲ.①品牌营销-广告文案-写作 Ⅳ.①F713.812

中国版本图书馆 CIP 数据核字（2021）第 133963 号

机械工业出版社（北京市百万庄大街22号　邮政编码100037）
策划编辑：解文涛　　　　　　　责任编辑：解文涛
责任校对：周丽敬　张亚楠　　　责任印制：李　昂
北京联兴盛业印刷股份有限公司印刷
2021年8月第1版第1次印刷
145mm×210mm·8.875 印张·3 插页·155 千字
标准书号：ISBN 978-7-111-68594-4
定价：69.80 元

电话服务　　　　　　　　　　　网络服务
客服电话：010-88361066　　　　机　工　官　网：www.cmpbook.com
　　　　　010-88379833　　　　机　工　官　博：weibo.com/cmp1952
　　　　　010-68326294　　　　金　书　网：www.golden-book.com
封底无防伪标均为盗版　　　　　　机工教育服务网：www.cmpedu.com

推荐序一

从知到写,差了十万八千里;从写到写出市场销量,差了十万八千里;从写出市场销量到写成品牌又差了十万八千里。而这本书就是一个筋斗云,会带着你像孙大圣一般连翻三个十万八千里的筋斗!

对于身在咨询行业 13 年的从业者,我认为作者把自己的实战经验无缝衔接地通过文字呈现出来,是充满诚意的。本书最大的特点是没有流于技巧层面,而是深刻剖析了文案撰写的底层逻辑,通过作者的层层引导,能帮助文案初学者精准领会那些文案写作中所谓的"只可意会不可言传"的隐秘部分,让更多非科班出身的从业者能快速了解从策略到技巧的卖货文案全貌。

市面上的营销书籍甚多,但能较为系统地将文案撰写背后的商业逻辑和文案实操进行结合的并不多见。通常我们认为文案写作是执行层面的工作,文案策划工作是由策划人员完成的。但本书则是将文案写作和文案策划看作一体,带领文案人员站在更高处,从品牌建设的全局看待广告文案。

因此，本书不仅对文案人员有用，对想提高商业思维，或者想全面了解营销基本原理的创业者同样有参考价值。

借机想对文案人员说几句鼓励的话。文案是很有价值的职业。当然，那是在你没有把它仅仅当作"码字工作"的前提下而言的。之所以说其价值高，在于文案是企业核心战略对外高效传达的工具。没见到真实的产品之前，没体验到真实的产品之前，文案促成销售功不可没。在此我有个提议，在文案人员的薪资结构中，也适当加入像销售人员一样的激励机制。文案人员、策划人员更需要相应的项目提成以资鼓励。只有这样才能建设一个生生不息的团队。

在自媒体时代，内容为王，能持续创作内容的文案人员才有生存的土壤；能持续创作内容的产品和项目，才能更好地被传播。虽然文案的形式各有差异，但只要能促进商业的转化，那么其底层的逻辑都是相通的，而这些逻辑在《卖货文案就该这样写》这本书里，你都能看得到。

这本书既有理论也有实操技巧。作者将多年的实战经验淬炼和盘托出，而类似这些经验大都存在于企业市场部、咨询策划行业内部，流传于口传心授的工作当中。相信本书可以帮助初入职场的小白弥补工作经验的不足，可以为公司的中高层管理者架构好卖货体系的四梁八柱，可以帮中小企业创业者开拓思路，利用卖货文案攫取市场的第一桶金！

最后要说的是，只要还有文字存在，生意人就要懂得卖货文案！一切的运营、策略、品牌、模式，都要靠卖货文案落地！网络时代，文案是卖货的低成本入口，不会利用实在可惜。能读到这本书幸甚至哉！

王　波

华夏龙文（北京）营销策划有限公司总经理

推荐序二

作为投资人,我看一个项目,首先要看的是这个项目是否具有落地实现销售的能力,如果这一条不具备,这个项目我是不会投资的。因为即使项目有好的商业前景、诱人的商业模式、很牛的运营团队,一旦在市场销售环节出了问题,也会在市场的征战中一败涂地,那么投资人的资金肯定也就打水漂了。

我们一般通过文字、图片和视频传递信息,而这些其实都不离开基础的文案能力。商业计划书的拟订、项目的落地宣传,没有哪样能离开文案撰写。对于商业项目而言,文案能力是团队的标配能力,具有此能力的团队可以把项目运作起来,不具此能力的团队往往会铩羽而归。我们在看运营团队的时候很看重这一点,这也是具备不同能力的团队运营同一个项目,结果会有天壤之别的原因所在。

一个文案高手的知识体系,需要覆盖品牌、策划、运营、销售等整个链条,这看起来像对一个老板的要求,但又确实是一个文案高手所应该具备的。在本书中,作者将这些知识体系打通,可以帮助初入职场的小白省去看大量营销书籍、听很多营销大师课、实践数十个案例再去提炼总结的过程，因为她已经穿针引线使之成为一体了。

这是一本帮文案人员"升级打怪"的工具书，是一本帮营销人进行提升的经验书，它可以让我们更好地看清项目投资中的虚虚实实，减少投资中的风险。祝愿你在看完本书后，能够将其中的知识应用于自己的商业运作中，让项目花的每一分钱都在文案环节转化出商业价值！

石 博

泰丰资本原中国区总裁

前　言

卖货文案，助普通人快速崛起

在介绍卖货文案之前，我们需要先搞清楚究竟什么是文案。在现代社会中，文案多应用于商业领域，是**广告文案**的简称。

单从字面来讲，文案包含两层意思：一方面表示为某个商业行为所撰写的广告文字内容，另一方面也代表专门创作广告文字内容的工作者。除了第二章以外，本书中我们所说的文案指的都是广告文字内容。但其实只要从事过广告文案这一职业，你就会知道，你的工作范围远不是"广告作品的文字部分"。因为文字表现只是广告作品中的一个环节或者说是最后的呈现。文案工作者大部分的时间和精力都花在对创意概念和作品表现形式的构思、对传播策略的把握等方面，甚至还要参与策略的制定。所以广告文案这一职位被称为"广告文案创意"更为准确。关于文案的具体职责和范围我会在第二章详细介绍。你只要知道，写好文案并非单纯的文字游戏就可以了。

不管是文案内容，还是撰写文案内容的人，都有一个共同特征：那就是为商业服务，这也是文案区别于纯文学作品的最大不同之处。简而言之，文案就是为商业服务的工具，文案的天生使命是要带来商业转化的。也许有人会问，品牌故事、企业文化介绍这些是文案吗？当然也是！文案就是用文字影响人的思想或行为。只不过前面提到这些文案与我们本书所探讨的卖货文案稍有区别，前者侧重影响认知，而卖货文案直指行动。本书对直接促成行动的卖货文案以及其背后的原理进行探讨。说白了，卖货文案就是有营销力、有销售力、带来直接效果的文案。因此，判断卖货文案水平高低的标准也变得简单粗暴：那就是能否带来转化。何为转化？达成销售和促进增长！达成销售，比如你卖化妆品，通过你的文案，化妆品订单疯涨；你卖厨房小家电，通过你的文案，使得主妇们争相抢购。何为促进增长？你为一个新开发的 App 写推文，实现了下载量激增；你写一个活动文案，引来众多消费者按照你的活动规则来参与活动。这些都是非常直观的转化。作为一个广告文案从业者，没有什么比通过自己的文字实现销售增长更令人兴奋的了。

看看下面的数字，这样的成绩你眼馋吗？

通过 1 条朋友圈，2 天卖出 5000 多斤橙子。

通过 1 篇微信公众号软文，6 小时卖出 18 万瓶汽水。

用 1 年时间,从月薪 3000 元到年薪百万元。

通过一版净水器的报纸广告,让咨询热线响不停。

通过一个网页长文广告,让一款功能饮料成为爆品,畅销六七年。

够不够刺激?这就是卖货文案的魅力!它目的明确,就是要有效转化、带来订单!

卖货文案使无数初创企业有机会低成本进入市场;一个能写出卖货文案的人,在这个时代是企业争相追捧的明星。正如某文案大咖所说,好文案就是印钞机。

也许你会说,我学了不少理论,也购买过许多教写文案的课程,感觉都对,可轮到自己写依然没头绪,经常没灵感,更别提转化了。

其实,并非你学到的方法不对,只是你学到的方法不系统、不完整。有些课程教会你如何写广告语,有些课程告诉你如何使用修辞方法,有些课程讲文案背后的营销理论。就像一锅大杂烩,每一道菜拿出来都有它的营养,但你要说这道菜具体的营养是什么,谁是主菜谁是配菜,表达的寓意是什么,就无从回答了。学文案也一样,我们缺的不是零碎的方法和技巧,而是一套完整的,可以帮我们梳理思路、在头脑里建立框架的理论方法,再配合实用的关键技巧以及案例分析那就再好不过了。这也是我写这本书的真正发心。

  我希望能跳出文案讲文案。就是跳出只讲技巧、只针对某个环节的方法，而是从一开始就能站在品牌营销的高度，看到广告文案写作背后的策略是如何制定的。通过阅读本书，你不仅可以学会文案写作的方法论，还可以了解文案写作涉及的产品、品牌、营销学的原理是如何被应用的，有助于你迅速建立系统的品牌营销思维，从容应对各个行业的文案写作。

目 录

推荐序一

推荐序二

前　言　卖货文案，助普通人快速崛起

第1篇
了解卖货文案

第一章　不卖货不文案　…002

第一节　文案高手与普通文案人员的思维差异　…002

第二节　卖货文案与自嗨型文案的区别　…008

第三节　卖货文案与品牌文案的区别　…015

第四节　剖析卖货文案的底层逻辑　…020

第二章　文案的基本功与职业界定　…026

第一节　文案的基本素质　…026

第二节　作为文案，这样的尴尬你有吗　…028

第三节　拒绝迷茫，文案人的多重职业发展　…032

第2篇
动笔前的思考路径及背后原理

第三章　第一步：内外打量，问问你代表什么　…036

第一节　品类定位，卖货文案思考的起点　…036

第二节　品类命名，抢占先机　… 055
第三节　让品牌为品类代言　… 057
第四节　品牌定位、产品定位、市场定位　… 062
第五节　案例分析　… 081

第四章　第二步：审视产品，厘清卖点这点事儿　… 086
第一节　卖点和独特卖点，别傻傻地分不清　… 086
第二节　别着急动笔，跳出卖点的小圈再看看　… 094
第三节　提炼独特卖点的步骤和技巧　… 102
第四节　产品优先还是品牌优先　… 117

第五章　第三步：锁定用户，精准攻心　… 119
第一节　深入理解用户需求　… 119
第二节　如何精准洞察需求　… 129
第三节　挖痛点，探痒点，给爽点，找到购买真相　… 136
第四节　给用户画像，让文案诉求更精准　… 140

第六章　第四步：信任第一，建立背书打消顾虑才能听你说　… 150
第一节　品牌背书，快速赢取信任　… 150
第二节　品牌形象打造　… 155
第三节　该不该做品牌形象广告　… 157
第四节　文案如何助攻品牌实现口碑传播　… 159

第七章　第五步：构建场景，给足购买理由　… 167
第一节　什么是场景　… 167
第二节　场景文案的好处　… 169

第三节　所有文案都能场景化吗　… 171
第四节　场景文案从哪里切入　… 173
第五节　如何写好场景文案　… 177

第3篇
卖货文案实战技能

第八章　卖货文案落笔撰写步骤 … 186
第一节　框架建立，快速搭建初稿　… 186
第二节　素材填充，先让文案活起来　… 221
第三节　优化取舍，让文案自带节奏　… 224
第四节　包装设计，媒介语言为文案助攻　… 233
第五节　整体检查，精雕细琢一气成交　… 237

第九章　强化理论及技巧分享 … 243
第一节　广告传播策略的基础原理　… 243
第二节　广告语的创作原则和技巧　… 251
第三节　广告标题加工技巧　… 258
第四节　广告内文结构"金三角"　… 263
第五节　卖货广告的核心要素　… 265

后　　记 … 267
参考文献 … 269

第1篇

了解卖货文案

第一章
不卖货不文案

第一节　文案高手与普通文案人员的思维差异

不管是文案写作的书籍还是网络上各种文案大咖的分析,都有很多的案例对比告诉你月薪3000元的文案人员和月薪30000元的文案人员有何区别。本书后面章节系统讲解了如何掌握卖货文案的方法论和具体撰写技巧,本节不讲方法和技巧,而是重点谈谈一个文案高手与普通文案人员之间巨大的思维差异。

一、认知差异

你从心底是如何看待写文案这件事的至关重要性。许多初入行的文案人员或者在一个小企业工作多年的文案人员会认为自己的工作没有价值。这其中有企业的原因。有些企业招聘文案人员的门槛不高,给的薪水也不高,看似只要会写字就能做文案,他们的工作也多半被认为比较轻松:领导开会的发言内容组织一下,产品的资料整理一下,活动横幅、标语写一下，产品、项目的宣传折页做一下，微信文章更新一下，等等。其实并不是这些工作不重要，只是同样的工作，有不同的要求，由不同的人来做差别就很大了。

如果在比较规范的大企业或者专业广告公司，文案人员的工作直接涉及企业对外的形象输出和广告的表达效果，其实含金量和要求都是比较高的。企业对该职位的要求高，待遇好，自然会吸引优秀人才。只是有些企业或受限于业务类型（比如业务很单一、有固定客户），对广告营销的需求和重视不够；或者干脆是因为成本原因，给着低于市场价格的薪水却期望招聘到文案高手、策划大咖。无论是以上哪种情况，你都可以果断离开，寻找更能帮助你成长的职场环境。在这里我建议职场新手，如果一开始能进入相对规范的企业，能得到更多的培训和学习机会最好；若机遇不允许或者你原本也不想离开当前的职位，但你又想在职业上有大的发展，那么你的认知将会直接影响你的行为和结果；正所谓是金子到哪儿都发光，任何行业都有做到极致的空间，更何况文案这个本身市场需求庞大的职位呢？

其实岂止是文案人员，任何职位都如此。因为当下工作环境原因就放弃了专业的学习，没有精益求精、钻研提升的意识，或者认为自己的工作是个人都能做，没什么前途，等等，这样的认知会直接导致你得过且过，时刻想着跳槽换行，不认真对待自己的工作，自然也不会在本职工作上取得成就。

如果你把自己当作码字的工人，只需文字的组织排列和语言的修饰就能完成工作，那么结果很可能是你的文字缺乏生气、流于平庸，或者空有美感但却与市场需求相差甚远、流于自嗨。文案为商业服务，文案是策略的表达，特别是卖货文案，直接促进转化实现销售，背后一定涉及对市场和消费者的洞察。所以，真正的文案高手不仅是文字匠人，更是营销专家，是调动消费者内心的语言设计师，也是创造的天才，用一支笔就可以行走江湖。他们能以独特的视角、深刻的洞察看到常人无法看到的或者忽视的一面，然后以笔为刃，用或犀利或柔情的笔触直击消费者的内心。

二、关注点的差异

前面说到文案高手是洞察人性的营销专家，也许很多人尤其是文案新手会有疑惑：一个广告文案的重点难道不是文字和创意的实现吗？人性、营销这些不是CEO或者策划人员应该思考的事吗？其实这涉及文案职责的划分。打开各大招聘网站，你会发现，现在很多和企业文案相关的职位通常叫"文案策划"或"策划文案"。说白了，就是要你既是策划也是文案。其实在专业的广告公司，广告的策划部分与文案创意部分是分开的。策划是广告系统中的根基与框架，文案则是广告中的一个环节（广告的文字创意部分）。在文案表达之前，涉及前期的市场调查、分析、提炼等一系列庞杂繁复的工序，然后才是文案、设计和美工用文字和创意去表达。可以说广告策略和文案创意原本是有着不同思维路径和不同的职业要求的。广告策略基于事实，逻辑性、科学性强；文案创意基于创意，发散性、艺术表现性强。但在多数企业里，尤其是中小型企业，文案和策划是没有严格的区分的。这里我们不去探讨这样的设置是否合理，只是单就文案的进阶来说，策略思维是文案高手的必备。具备策略思维的文案和只关注文字创意的文案在关注点上是有差别的。一个能卖货的文案实际上至少有三个层次：

第一，战略层。就是站在市场的高度，了解行业、了解对手、了解自身。然后基于深刻洞察，做出科学的定位，目的是发现、制造、解决消费者真正的需求。其中与文案关系最密切的是通过对品牌和产品的定位来确定接下来的传播策略。总之战略层的任务是明确方向。好比要打一场战役，先要知道战场在哪，敌人在哪，以及你的优势和敌人的劣势。其最终结果是要使企业的形象或产品在消费者心智中占据有利的、独特的位置。

第二，传播层。基于定位，确定具体产品（业务）的传播策略，分析人群画像、媒介特点，确定传播的节奏以及用什么样的内容表现。

第三，表达层。基于传播策略，在某个具体的媒介上发挥文字和创意的优势，根据深刻的洞察找到那个最攻心的切入点，用精准的广告语言、有创意的表现形式引起消费者的注意，让消费者产生共鸣，激发消费者的购买欲直至促成购买。

我们可以发现，一个文案高手就是策划高手，关注的点首先是一个业务背后的市场机会、消费者需求，以及基于这些需求所制定的策略。我们常说，表达得对比表达得好更重要，其实就是这个意思。有策略思维的文案首先关注的是表达的点是否对，然后才是如何在对的基础上，用富有创意、充满诱惑的方式表现出来。初入职场的文案新人可能往往会将关注点放在修辞运用上，力求语不惊人死不休，或者创意多么独特，这里不是说这些不重要，只是我们时刻要记住文案是为商业服务的工具，是要实现销售转化的，"先对再好再提高"的原则很重要。

三、学习力的差异

没有人是天生的高手，从小白到高手的进阶无不需要刻意练习。学习力的差异就体现在刻意练习的过程、方法和最终结果的呈现上。比如是否主动学习市场营销、广告传播、创意方法等广告相关领域的知识，是否有自己的书单、构建了自己的知识体系，是否有意识地培养自己透过现象看本质，循着技巧、心得、灵感总结规律的能力。

先说知识体系。我觉得文案人未必需要学富五车，但一定要有自己的知识体系。这包括专业的和个人的。专业的知识体系来自课本、专业书籍和别人的经验传授。广告是门手艺活，它需要专业知识打底。若不是科班出身，就要刻意要求自己先系统地将营销、广告相关领域的经典书籍学习一遍。这里有个小建议，可以先从广告专业的课本学起，或许有些课本的理论、案例是老套的，但也是经典的，对没有任何广告知识打底的小白来说是最好的专业知识的学习方式。除了专业知识，一个好文案还要有个人的知识体系，它来源于你个人的书单以及你对生活的观察、对人性的探索、对世间万物的判断，这些都会融入你的血液里，植入你的大脑里，形成自己的世界观，只有这样，你才能最大限度地打破自己认知的边界。文案作为品牌与消费者沟通的纽带，需要与消费者融为一体，打成一片，而非高高在上的宣教。如同文学戏剧作家一般，了解越多人世百态，越能游刃有余地穿梭于不同角色之间。走心的文案背后是洞察，而洞察来源于自己独有的世界观和观察视角，这样的文字会更深刻、不流于表面，还会带有个人风格，别人无法复制。

再说总结规律的能力。如果说前面让你通过专业书籍、个人书单、别人的经验来构建对广告文案的认知，那么这里就需要你将所学、所感、所体悟到的，内化成一套有规律可循的方法，成为自己的独有心法。因为看了很多专业书籍，听了很多文案大咖的讲课，你会发现每个人总结的方法可能都不一样，甚至会有冲突，因为广告的魅力就在于不可重复的思维劳动，许多前辈都会告诉你真正的广告没有规则，你要做的，是先学会规则然后再忘掉规则。这个所谓忘掉规则，是说忘掉别人的条条框框，形成自己内化的东西。**天下武功到了化境都是法无定法，对于还在学习路上的我们来说，先学会掌握，然后要逼自己不断内化。怎么内化？去实践、去感受、去验证！**尽信书不如无书，如果对于书上的方法你不能用自己的理解去实践，那往往也是无法有效运用的。这就是为什么说"听过很多道理却依然过不好这一生"。如果你见了很多大咖、学习了很多课程、听了很多真理，还是写不好文案，那就告诉自己，在实践中总结自己的规律！

第二节 卖货文案与自嗨型文案的区别

卖货文案是离钱最近的文案，它最大的特点就是立足当下、促进转化、达成交易。关于这个事实，传奇的文案作家约瑟夫·休格曼在他的著作《文案训练手册》里早已经定义了："文案的终极目标，就是让一个人掏出他的血汗钱来购买你的产品和服务。""一切都源自于你手中笔的力量，或者你在印刷品、电视、收音机、电脑屏幕上所传达的信息，通过它，你能使无数人将手伸进自己的口袋，掏出钱来。"

从广义来说，所有实现转化的文字都可以称为卖货文案。比如那些微信公众号大 V，靠文章达到 10 万 + 阅读量，获得几百万个粉丝，这些同样是转化。只不过在本书里，我没有将非广告的媒体类文章列入探讨范围，同样不列入讨论范围的还有诸如品牌故事、公关新闻稿、解说词之类的非立即成交型文案，当然它们也不在本书所指的自嗨型文案范围之内。

不讨论不代表不重要。因为作为一名文案从业者，你的职场生涯几乎不可避免地会涉及以上工作。特别是作为创业公司的文案或者新媒体小编，往往身兼微信公众号运营、公司各类对内对外宣传、产品策划以及广告软文、硬广撰写等大大小小与文字相关的工作。做这些工作与写卖货文案一样，需要了解市场、了解消费者需求、巧妙构思、有逻辑、语言有感染力、引起共鸣。它的转化或许不体现在订单上，却依然可以很直观地通过阅读、转发、评论、点赞来衡量。

所以在这个时代，无论是媒体人还是广告人，大家都需要时刻保持职业警惕，有数据思维，不要沉浸于自我创作的满足里。特别是广告人，要时刻紧绷**转化**这根弦。不要拿广告当作秀场，不要把自己包装成演说家，不要炫技、卖弄辞藻。正如克劳德·霍普金斯所说："广告的唯一目的就是促进销售。"哪怕你的创意再超前、技术再高明,只要不能实现转化和销售就只是感动了自己的自嗨。

也许有人会质疑,这样是否太武断?其实这也是市场在倒逼着广告人提高警惕。纵观2019年,许多品牌方的日子都不好过。Uber解雇了1/3的市场营销团队、富贵鸟皮鞋破产了、网易考拉被阿里巴巴收购了、王思聪的熊猫TV倒闭了,以及从年初到年底不停的大厂裁员信息:网上有数据显示,2019京东裁员8%,腾讯裁员10%,美团(上海点评技术部)裁员50%……还有数不清的中小企业裁员与破产。在市场寒冬之际,品牌方的每一分预算都要花在实处、都要看到效果也无可厚非。

不转变也难。2019年,对于许多广告人而言都非常艰难。甲方缩减预算,且对销售转化都有明确要求。以往那种只要求创意的土豪甲方已经越来越少了。有广告业界人士反应,某头部电商品牌要求ROI(投入产出比)1:3至1:5;某民宿App投入300万元做广告,要求广告公司保证至少能有300万元收入。在严峻的市场形势下,许多甲方已经不再只想做品牌,不再只要求流量,更注重的是达到销售转化。更何况随着网红、直播带货的火爆,传统广告代理公司越来越受到KOL、KOC的冲击,广告公司想要几百万元拍条广告恐怕很难了。

正因如此,有个概念一时间成为营销界新宠,特别是受到甲方的推崇,那就是"品效合一"。"品",是品牌,

"效",是效果。想想真是很美好,一则广告达到名利双收谁不欢喜?光叫好不叫座也只能无奈地被贴上"自嗨"的标签了。对转化的焦虑,也使得"增长黑客""首席增长官"炙手可热,甚至取代了CMO(首席营销官)深受互联网公司追捧。

在这样的大背景下,传统的广告人更焦虑了。创意似乎不值钱了,广告必须和销售挂钩了。于是很多人求新、求变,学习和尝试各种营销玩法。其实我想说,我们当然应该关注变化,积极顺应时代发展,但在瞬息万变的市场中,更应该抓住不变的东西,将不变的东西做到极致。

什么是不变的东西?拿文案来说,一则广告投放之后,产品销量多少与其有关,但同时也受价格、传播策略乃至竞争对手的影响,但即便是这样,你的文案是否达到了卖货文案的标准也是可测的。

在电商销售的详情页,有一个静默转化率指标,它不受流量左右,与文案和画面有绝对关系。如果你的文案有销售力,你的画面和文字搭配得有煽动力,当然就会提高转化率。顺便提一句,在以销售为主导的广告中,文案策划相比美术设计来说在职责上是要占相对主导地位的,该职位不仅要对文案本身负责,还要对整体的页面呈现尤其是逻辑的呈现负责。

除了电商,微商朋友圈分销也是直接检验文案转化能力的战场。一条朋友圈发出去,多少人找你下单当下立见;

一篇微信推文发出去,多少人订购课程、下单购买商品也与文案能力息息相关。

如果文案人都能自觉地用"卖货能力"要求自己,深入研究如何利用文案提高转化率,那即便市场再怎么变化,也不会撼动你的吸金能力。

说了这么多,卖货文案和自嗨型文案相比究竟有何不同呢?

从结果上,两者最大的不同当然就是最后的销售转化。

从形式上,两者最大的不同就体现在各自的核心内容和传播策略上。这也是本书重点要讲的。

即便百雀羚的长图广告刷屏、"啥是佩奇"红爆朋友圈,可从销售转化指标来看,这种高传播率低转化率的结果,依然只能算自嗨;而那些被认为不够专业的广告反而会成为卖货广告,至少被记住了。比如恒源祥的"羊羊羊"、脑白金的"今年过节不收礼"、铂爵旅拍、BOSS直聘、易车网等依靠反复洗脑的广告,虽然创意差些,但依然达到了快速占领心智的作用。

不是说卖货广告就一定要是这种单纯重复的广告,但重复却是让广告变得有效的策略之一。除了策略,卖货文案还有一个特征,那就是精准洞察需求。比如,滋源洗发水的广告,通过研究市场、竞品和自身特点,创新地提出了"洗头皮"的概念,那么该如何用精准的、触动消费者心弦的文案来传达这一核心概念呢?

卖货的文案是这样的：

"洗了一辈子头发，你洗过头皮吗？"

自嗨型文案会这样写：

"高端洗护科技，用心呵护你的头皮。"

可见，同样的诉求点，因为文案的表述不同，高下立判。前者通过一个直指人心的问题，引起消费者巨大的好奇和惊讶，从而很好地引出产品的卖点。而后者则没有抓住"洗头皮"这个核心概念背后洞察到的消费者的真实动机是来源于"洗头发和洗头皮"产生的对比冲突，所以采用平铺直叙的描述是无法引起消费者对"呵护头皮"这个概念的警觉的，这就是洞察不够深刻。

又如：碧生源减肥茶的"给肠子洗洗澡吧"，用非常形象的描述提出"肠子洗澡"的概念，以此与普通的润肠通便茶进行了区隔。那如果换成"促进肠道蠕动，让肠道更轻松"呢？是不是瞬间感觉很平常？所以，卖货文案首先是源于洞察，基于洞察提炼出一个与消费者沟通的概念，同时还能够精准地、富有感染力地将这个概念传递出去。

文案大师约瑟夫·休格曼说："永远不要推销一种产品或服务，而是推销一种概念。"所有的文案与创意都是建立在核心概念之上的。这个概念可以是基于产品的独特卖点，也可以是基于品牌的价值观、某种情感诉求，具体是哪种要视你的产品或品牌所处的阶段来决定。然后围绕概念去做系列的创意实现和传播策略，再去执行。

还有一点，也是老生常谈：就是从用户需求出发。将卖点转变成用户的买点。具体如何提炼概念，什么是卖点、买点，以及广告背后的更多原理，在本书的其他章节会详细介绍。总之，想写出有销售力、能卖货的文案而非自嗨型文案，需要把握以下三点：

第一，不要过度追求"创意至上"、一味求新求变，要始终记得广告的终极目的是促进销售转化。但要强调一点：卖货文案和单纯的促销性质的文案是不一样的。如果只是为了促销、达成销售，不惜牺牲品牌形象，做出系列与品牌定位不符的营销动作（不仅是文案），这绝不是良性的品牌营销，也不是我们要探讨的范围。我所指的卖货文案，是建立在清晰的品牌定位基础上，有技巧地写出卖货攻心的文案，而且还要符合刚才所提到的"品效合一"的目标：每一则广告都是对品牌形象和品牌资产的长期投资。

第二，学会提炼概念，以概念为原点，所有的创意表现都围绕着核心的概念展开。

第三，掌握文案写作技巧和背后更多关于品牌营销、传播学的原理，比如从需求出发，将卖点转化成买点去陈述。

第三节　卖货文案与品牌文案的区别

要说清卖货文案与品牌文案的区别，首先需要了解产品和品牌的区别。产品很好理解，要么是实物，是由工厂制造出来的，满足人的物质或精神需求；要么是某种服务，为人的生活提供便利、带来享受。

关于品牌的概念许多营销书籍中都有涉及，这里就不再做概念阐释了。通俗的理解就是：品牌是产品与消费者之间的情感纽带。情感是一种可以维持很久的东西。现代企划之祖斯蒂芬·金的话也说明了这点："**产品是工厂所生产的东西，品牌是消费者所购买的东西。产品可以被竞争者所模仿，但品牌独一无二。产品容易过时，但品牌则长久不坠。**"

具体来说，伟大的品牌背后必有一款或几款伟大的产品，但一个好的产品却未必能成为一个经久不衰的品牌。一个产品提供给消费者的是使用价值，而品牌则是可以让消费者放弃理性，忽略其使用价值，仅凭感情就能购买的理由。

不管是产品还是品牌，它们都需要广告传播来与消费者建立联系。广告的唯一目的就是促进销售，建立品牌也是为了更长久地销售。从这个意义上说，似乎品牌文案与卖货文案没有本质的不同：品牌文案的作用是促进旗下产品的长久销售。卖货文案的目的也不是一锤子买卖。能够既卖货还让消费者持续认同你的品牌、相信你的品质，最终折服于你的品牌个性、认同你的价值主张，达到"买××，我就认准××品牌"的境界，才是商家最想达成的目标。

尽管最终目标是一致的，但在实际工作中，品牌文案与卖货文案还是会被单独提出来，主要体现在以下几个方面：

第一，着眼于当下利益还是长期影响。

卖货文案立足于当下，以直接销售为目的，还时常捆绑促销活动。淘宝、天猫、京东等电商平台的产品详情页，一般来说都是典型的卖货文案，其目的就是让你立即下单。还有时下热门的直播卖货、微信软文广告都是以完成当下的交易为目标，所以都属于卖货文案。

品牌文案则立足于品牌的长久影响力，不以当下的销售业绩为考核依据。它通常是一个品牌理念的传播，里面包含品牌的定位、形象，有时也会传递品牌活动的信息，目的在于向用户大脑植入对品牌的印象，建立对品牌的认知，最终占领用户心智。

品牌文案需要具有前瞻性，它通常要能代表企业未来几年的发展方向，预料到未来的业务动向。

比如阿里巴巴的广告语是"让天下没有难做的生意"，淘宝、天猫、支付宝、菜鸟等阿里系产品无一不体现其高瞻远瞩的战略布局。

所以好的品牌文案可以直接拿来做品牌口号,可以是对品牌定位的精准表达。而卖货文案更多的是聚焦某一个具体的产品或业务,是针对该产品或业务的具象表达。

第二,聚焦产品物质属性还是精神属性。

卖货文案更聚焦产品本身的使用价值。比如"充电5分钟,通话2小时"是使用价值,"困了累了喝红牛"是使用价值,"胃痛、胃酸、胃胀,就用斯达舒"也是使用价值。

品牌文案更注重从精神情感和价值观的角度来传递品牌信息。比如一款减肥产品,当它表达"越喝越瘦"时,是从产品的物质属性挖掘使用价值,而当它表达"永远守护你的美"时则是在精神层面期望与消费者达到共鸣。但通常来说,一个强势的品牌是物质和精神两手都要抓的。

类似的品牌文案还有:

天猫:上天猫,就购了。

哈根达斯:爱她就带她吃哈根达斯。

人头马:人头马一开,好事自然来!

格力:让世界爱上中国造。

这里要说明一点,不要刻意地将品牌文案和卖货文案割裂来看,而要看当下市场推广的目的是什么。如果你接到的任务是通过微信推广卖出10000支护手霜,那你的文案就要多着重于该产品的功能特色、消费者痛点、激发购买欲等。如果你当前的任务重点是传达品牌理念和品牌的价值观,那你要深刻理解品牌定位,了解除了具体产品之外品牌代表的心理、精神领域的含义是什么。如果以结果为导向来看,并非宣传精神、情感的文案就是品牌文案,那只是品牌发展到一定阶段采取的广告传播策略,这在后面提炼卖点的时候会讲到。具体是用功能作为卖点,还是以精神、情感作为卖点,要结合当前的品牌定位和发展阶段。

第三,媒介和内容表现层面。

关于品牌文案和卖货文案,还有媒介和内容表现的简单区分。品牌文案常出现在比较高大上的媒介上:比如电视广告、户外广告,以及机场、高铁站、地铁站的平面广告等,或者互联网的视频贴片广告,而卖货文案常出现在朋友圈、电商详情页、弹窗广告等媒介中。

在内容表现上,卖货文案因为以当下销售为目标,更多会聚焦于用户痛点挖掘,引出产品的卖点,给出利益,激发购买欲望,再结合有效数字、权威背书等建立信任,期望一招打动消费者;而品牌文案通常没有强烈的销售说服,而是希望从情感层面与用户拉近距离。比如品牌自己推出的主题贺岁短片,在"双11"、"双12"、中秋等促销期间各大品牌为活动撰写的造势文案,以及企业为了宣传而制作的宣传片文案、公关新闻稿等都属于品牌文案范畴。

以上只是很浅显地对品牌文案和卖货文案做一个区分。实际上，我认为这种区分原本不应该存在。或者说，至少不应是两套割裂的思考体系。前文说过，广告的唯一目的就是促进销售。品牌文案和卖货文案的问题，也就是我们常说的品牌广告和效果广告的问题。这二者根本就是相辅相成不是非黑即白的。之所以有这样的区分，是因为我们常常无法确保品牌和效果是否都得到了提升，也很难做有效的统计。对于一则广告，单一统计品牌的曝光量容易，单一考核下单、购买、订阅、增长量容易，但想要同时达到品效合一的目标，会对创意、文案、制作、媒介等要求非常高。所以有人会说，品效合一就是伪命题。但我认为，你不能否定品牌广告就对销售没有促进作用，也不能否定效果广告对品牌的曝光没有帮助。其实它们本就是一场战役的不同阶段。效果广告是战术性的，需要常年持续投放；品牌广告是战略性的，通过一个一个的活动，完成某些特定任务。

我们应当以终为始地做广告，从意识层面要重视"品效合一"的重要性。在品牌和效果两个方面都能做到有预期、有评估。不能因为追求短期销售，而做损害品牌形象的事；也要结合企业自身的发展阶段，不搞形式主义，不要一味追求高大上的品牌广告而不顾当下利益。

我认为除了特定的专属品牌形象广告外，比如品牌冠名的大型活动、品牌公益活动等品牌专属的广告，其他媒介上的广告都可以当作卖货文案来看待。以"先生存,后发展,生存促发展"的心态来做广告。注重当下利益,也不损害长期利益(品牌),尽力做到既卖货,也让消费者爱上你的品牌,最终仅凭品牌就购买。**撰写卖货文案时,不能像纯品牌文案那样抽象,也不能像单纯促销广告那样枯燥,使卖货文案沦为没有情感的"说明书"。**如何平衡就看文案的功夫了。总之,采用产品的功能属性还是品牌的情感属性来与消费者沟通,是依据品牌所处的阶段和行业发展状况来确定的,其目的都是为了"卖货"。

第四节 剖析卖货文案的底层逻辑

对于"底层逻辑"这个词,相信大家都不陌生。尤其是在商业领域,你可能经常会在各种商业大咖的经验分享中听到这个词。我认为底层逻辑是一种追本溯源的思维模式,也是一种让其他人有迹可循、可效仿的方法论。无论哪个行业、哪项技能,想要达到一定高度,背后都有一套可供参照的、不变的指导方针。所谓底层逻辑,其实和事物的第一性原理是一个意思。第一性原理是古希腊哲学家亚里士多德提出的一个哲学术语,意思是每个系统中都存在一个最基本的命题,它不能被违背或删除。简单来说就是揭开现象看本质。探究事物的第一性原理或者说底层逻辑是一种很重要的思维方式,它可以帮助我们不被眼花缭乱的现象所迷惑、不会因市场环境的变化莫测感到不知所措。用通俗一些的话来讲，就是任何事情都有它的门道儿。

那卖货文案的底层逻辑是什么？是标题撰写技巧？是修辞方式？还是别出心裁的创意？这些都是技巧战术，不属于底层逻辑的维度。要找到卖货文案的底层逻辑，同样需要用以终为始的思维，将"始终服务于最终目的"作为准则：**首先想想卖货文案的目的是什么，一定是达成购买。因此，消费者购买产品的逻辑就是卖货文案要遵循的关键逻辑**。关于消费者从需求到购买，全球知名咨询公司麦肯锡提出了一个风靡全球的"消费者购买决策旅程"模型。该模型揭示了消费者从考虑购买某种产品或服务到完成购买，并且对品牌形成忠诚度的一系列必经过程。该模型总共包括6个阶段：考虑、评估、购买、体验、支持、建立联系。如图1-1和图1-2所示，无论是经典的购买决策旅程还是优化后的购买决策旅程，都离不开三个步骤：考虑、评估、购买。并且针对不同的产品，消费者的决策过程重点不同：比如买房子、买汽车、买钢琴，那么重点一定是在评估阶段。这时除了强化品牌的利益点、增加互动培养感情，还要增加露脸频次，不然可能都不会被纳入考虑范围。而如果是卫生纸、毛巾、牙刷这样的快消品，那么重点一定是在购买这个环节，怎么让消费者快速下单是重点。好玩的活动、诱惑性的利益刺激、购买的方便性、捆绑促销等都可能增加购买概率。但无论是高频消费还是低频消费的产品，都有一种方法可以加快消费者的购买旅程，甚至使消费者跳过考虑和评估环节，直接从购买开始，那就是形成品牌忠诚度。也就是说将你的产品打造成强势品牌，并且让消费者爱上你、忠诚于你。

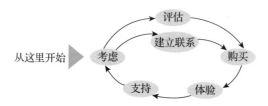

图1-1　消费者购买决策旅程（经典旅程）

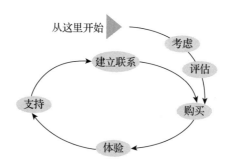

图1-2　优化后消费者购买决策旅程
（加入品牌忠诚度缩短购买过程）

或许你会说，卖货文案的目的不是为了销售产品吗？怎么还和品牌有关系呢？确实，我们是为了卖产品，但促使消费者产生购买行为的却不一定仅仅是产品本身的使用价值，还有品牌所具有的价值观等多重因素。尤其是在同类产品非常丰富、功能相差无几的情况下，想要达成销售，品牌的影响力越发重要。

品牌介入购买决策最大的优势体现在可以实现心智预售。什么意思？就是无须等到产品在货架陈列，如果你的产品是强势品牌，那消费者会主动去搜寻你的产品。对企业来说，促使消费者产生购买这一行为的最理想状态是什么？是产品摆在面前就会购买吗？这样确实不错，但这样还是会受限于货架陈列的规则，你的产品要放在非常显眼的位置才有可能产生购买。大家可以想象一下，家门口的超市、大卖场或是电商平台挤满了琳琅满目的商品，消费者如何找到你的产品都是个问题，更别提轻松下单购买了！那有什么办法促使消费者更容易找到你的产品，并甘愿购买呢？答案就是形成品牌而且是强势品牌！一旦消费者成为某个品牌的粉丝，就会时刻关注品牌的最新动态，出现新品就会抢购，这都属于心智预售。

品牌为什么能产生心智预售的效果呢？ 因为品牌是在消费者的心智中被创建的。它是一种区别于竞争对手的心理占位，是一个品类或者特性的代表，然后当消费者有某种需求的时候，会想到这个品牌。可以这样说，**品牌是某种需求的代表，企业营销就是为了洞察和满足需求**。

如果你是在广告公司任职的文案人员，那么绝大多数情况下是需要参与品牌的定位策略制定的，然后基于品牌策略，结合广告传播的方式方法，形成一套周密的传播策略。我们可以把它们结合起来称为品牌传播策略。如果说广告文案是直接上战场杀敌的士兵,那品牌传播策略则是背后的指挥官。

了解品牌效应的巨大作用是为了给文案从业者一个提示:想真正写出好的文案,需要站在创建品牌的高度,站得越高,看得越远,越有助于你精准理解品牌传播策略,文案才会写得精准。

当然,认牌购买是一种理想化的结果,打造品牌也是一场持久战。在实际工作中,无论要推销的产品是不是强势品牌,卖货文案的目的都是将该品牌的产品推荐给需要它的人。这就涉及三个角色,品牌方、用户和中介(第三方文案写手)。不管你是代表品牌方的文案(大多数情况下),还是第三方(测评类),你都需要了解产品和了解用户。了解产品自不必说,**广告大师们早就告诉我们了:"你越是了解产品和服务,点子来得越容易,也越出乎意料,且效果往往越好。"** 了解用户呢?任何产品都是为了卖给需求者,了解对方的具体需求,会避免做一些只感动自己的无用功。

如何了解产品(服务)和潜在用户呢?建议可以试试用"3问+1画"的模型来作为框架思考。3问就是通过3个问题建立对产品和品牌的认知:一问是什么,确定是什么品类;二问有何不同,了解产品或品牌的差异化卖点;三问如何证明,罗列一些让人信赖的证据。1画呢?当然就是用户画像。越具体越好,当你推销一款产品的时候,最好在头脑中有一个明确的用户画像：年龄范围、消费习惯、所处地区、经常购物的场所渠道、现在迫切需要解决什么问题等，越细致越好，让你的文案像是只对一个人表白而不是对所有人宣说。

你肯定会说，这些都是老生常谈了。的确，刚才所说的每一个具体的点，你肯定会在营销书籍里见过或者在某些行业大咖的演讲中听过，这是因为营销无论在哪里、哪个年代、哪个国家都是服务于人，所以理论的东西并不会有太多本质上的不同。

刚才提到的"3问+1画"的思考模型其实就是从营销的本质——满足用户需求来进行推演的。广告文案是营销的一个重要手段，它的任务是告诉用户你的产品能满足用户需求，而且要让用户跃跃欲试。而要满足需求，就要知己知彼。知己：了解自己要推销的产品；知彼：了解要购买你产品的人是谁，需求点在哪，这里的需求还包括：是真的刚需，还是为了满足无限膨胀的欲望？万变不离其宗，无论是推销什么产品，无论是在哪种媒介发布，在动笔之前你都可以按照这个框架来做准备：即3个问题+1幅画像，它是一个思考的模板，可以帮助你从千头万绪的营销工作中快速抓住主线，从容应对。

第二章
文案的基本功与职业界定

第一节 文案的基本素质

在谈这个问题之前,有必要界定一下文案这个岗位的职责范围。前边提到过,"广告文案创意"更能体现文案这个岗位的实际工作范畴,并且文案还和策划相辅相成,一个好的文案就是一个好的策划人。

为什么是广告文案创意呢?因为文案的职责并不单指广告文字的撰写,也不单指广告策划书的撰写,"写"只是最后的表现部分。比如拍摄一支产品的广告片,一个文案的工作会涉及以下环节:首先是要足够了解产品,提炼出产品的卖点;同时还要知道针对哪些人群来传达,然后参与制定传播策略,至少是要充分理解策略;然后针对确定的传播主题和产品卖点,撰写分镜头脚本。而在撰写脚本的过程中,不仅要负责文字的部分,还要构想声音、图文等该如何呈现。

不只是视频广告,即便是平面广告,文案也需要和美工设计一起,为创意概念的表现负责。因为广告是要依靠文字、画面、色彩等种种表现形式来传达主题的。而作为主题的创意者,文案当然要参与其中。

还有电商详情页广告,是以直接销售为目标的,这就要求一个文案人员担当起整个页面的总调度职能。因为这种图文结合、攻心卖货的长文案,从上至下都需要有一个逻辑进行串联,在哪里放图片、用什么样的图片才能激发受众的购买欲都是需要精心设计的。

所以你看,一个优秀的文案的角色是泛化的。在具体执行环节,一个文案人员往往要协调多部门的专业人士共同作业。

也许你会说,这是不是太夸大文案的职能了?现在不都是强调要深耕、专注、什么都会不如把某一项技能做到极致吗?其实这一点也不矛盾。

文字功底是一个文案人员的写作基本素质之一,文字是文案创意最后的表现部分。但文案写作是一个过程,文案人员的许多精力都用在了构思创意、卖点提炼甚至市场分析上了。

而且对于一个完整的广告来讲,创意的出发点有时候并非文字。有时候一张图、一段音乐、一个概念就可以开启广告创意,而这也是文案人员的职责所在。尤其是在视频时代,广告的形式越发立体多样,文案人员有必要向编剧、导演、摄像、剪辑等角色汲取营养,因为在实际工作中,创意和文字都是要同时兼顾的。

即便文案人员就专注于文字本身,要想达到广告直抵人心从而卖货的目的,想必仅依靠单纯的文字功底也是不够的,对消费心理的了解、对策略的理解和准确把握、对销售技巧的运用等都是要做的功课。

总结起来,想成为一名优秀的文案,需要同时修炼至少五个方面的能力:**准确把握策略+精准拿捏文字+想创意+执行+协调**。

第二节 作为文案,这样的尴尬你有吗

在上节中我们说过,文案的职业似乎没有边界,庞杂而宽泛,这是工作本身的职责所赋予的。但现实工作中恰恰因为边界宽泛,时常会出现权责不清的情况,给文案人员带来困扰。

【情景一】

小A是文案,小B是美工设计,C是企划部的主管。在职位上,A和B是平级的。有一天C对小A说,要写一版××产品的销售广告,在线上进行销售。小A要负责提炼产品卖点,给出足够的购买理由,按照一定的销售逻辑撰写文案,然后交给小B设计。目的就一个:让用户看到

广告就忍不住下单。

小A拿到产品，仔细研究，又是看成分，又是看厂家资料，又是与领导一起讨论撰写方向。产品卖点、主打人群、利益诱惑是否足够，按照什么逻辑来呈现等，不仅是文字稿，作为策划兼文案，小A还需要对最终页面的版式进行规划，以便用户更好地被内容吸引。一切就绪后，交给领导看，领导觉得没问题，可以交给小B去设计了。交给小B的时候，小A特意跟小B交代了一下：哪里是广告语需要突出、哪里需要重点排版、整体的页面顺序如何确定……

过了几天，小A发现小B在设计过程中并没有与自己沟通过。又过了几天，小A发现广告已经上线了。但是问题来了：为什么广告语字号那么小？案例怎么少了一个？不对，这里还少了一行字……

相信这样的场景大多数文案人员都遇到过，特别是在流程并不十分完善的中小企业。那发现这些问题后，作为文案你会怎么做？我想任何一个对自己的工作负责的文案人员都会找到美工设计说明情况，然后呢？沟通、协调、修改。当然大部分美工设计人员也会理解，大家一起把工作做好。但还是会有部分美工设计人员，尤其是初入行的美工设计人员会感到不舒服：我是美工设计人员，为什么要按你的要求排版？要我改可以，但难道不应该是领导直接和我沟通吗？作为美工设计人员，你是否有这样的心理呢？

为什么会遇到这种情况呢？**首先是因为工作流程不明确，其次则是心理认知层面的问题。**

先说工作流程问题，解决这点很简单。部门领导需要明确一下工作的流程：从文案初稿、定稿到设计初稿、定稿工作分别按照什么程序往下执行？查漏补缺谁来负责……虽然说一版广告的上线直接领导是要对结果负责的，但诸如挑错别字或者排版过程中出现少字、断行的小问题也要领导来检查吗？在一个完整的广告创意中，首先需要文案和美工设计人员彼此紧密合作，共同把作品打磨好。

解决了工作流程问题，一般来说也就解决了一大半的心理认知问题。但工作中还是会存在心理认知的问题，使得文案和美工设计人员关系微妙。

【情景二】

虽然领导明确了工作流程，由小 A 来主导这版线上广告。但作为美工设计的小 B 心里却并不舒服。他认为我是美工设计，文案你来负责，错别字你来检查没问题，但为什么如何排版你也要干涉呢？于是当小 A 一遍一遍地找小 B 沟通版面问题时，小 B 可能就会不耐烦了，直接找领导 C 来定夺。

要解决这种问题，除了刚才说到的明确工作流程，最重要的是提升相关人员的专业认知和业务水平。当你工作很多年，成为文案大拿或者设计大咖时，你就会知道，要做出好的广告作品，文案和美工设计人员默契配合有多么重要，你们之间是互相成就的，只会给彼此加分。好的文案，需要好的美工设计来助攻；同样，好的文案也会帮助美工设计更轻松、迅速地了解广告的核心表达，有助于激发美工设计的灵感。

高手遇到高手，只会彼此惺惺相惜。作为从业人员，无论是文案还是设计，提升内功，在工作中展现自己的专业，互相切磋，共同进步，合力做出令人拍案叫绝的广告作品才是王道。

但是还是要特别说明一点，在以营销为导向的广告中，文案人员肩负的责任往往要更多一些。比如有些地方美工设计人员认为字太大不美观，但从营销导向来说这样是有必要的。当面对这种矛盾的时候，作为文案人员，需要心平气和地沟通，阐明你的观点，用专业来获得认同。反过来，当美工设计人员提出自己的想法和建议时，文案人员也要学会虚心倾听。

总之，无论是哪个岗位，当你需要同事协同完成一项任务时，提升专业水平＋保持态度谦恭是肯定不会错的。我始终认为，职场本身就是以实力说话的，没实力，再谦恭也没用；但有能力，不懂职场法则也会让你处处吃亏。

当然，最怕的还是业务技能不达标，态度上还不虚心、一意孤行，这样肯定不行。

第三节　拒绝迷茫，文案人的多重职业发展

不知你是否感觉得到，目前文案受到的关注更多了，各种知识付费的课程和相关书籍都在教大家如何写文案，其中不乏"×大句式，让销量翻倍""学会这几招，你也能成为文案高手"等宣传文字。

那为什么以往只有广告公司和企业相关岗位的人员才关注的事，如今却备受关注？我想这与全民皆文案的大环境密不可分。

微信朋友圈、微博、抖音、快手、头条……凡是通过社交媒体表达心声的人，无不期望自己的发声引来关注、点赞、评论，因为即便一个人再腼腆、再低调，也希望得到认同，这是人性。而所有这些发声，大部分都与文案相关。

既然文案这么重要，那是否意味着文案的含金量很高呢？也不尽然。在段子手盛行、自媒体高度普及、人人都能参与文案创作的趋势下，很可能会产生两种认知：一种是认为文案是门槛很低的职位，似乎只要会写汉字，或者说文笔稍微好点就可以。另一种则认为，文案是广告公司干的事儿，是需要创意和灵感的，写出能刷屏、既叫好又

叫座的文案可遇不可求。其实以上两种情况在职场中都是存在的。

正是因为存在这种差异，才会有越来越多的人关注：文案或者叫文案策划、创意文案这个职位到底有没有前途呢？答案是肯定的。

文案这个职业，市场需求量大，上升发展的途径也多，至于能否一路开挂，与自身实力密切相关。

当今社会，越来越多人厌倦朝九晚六、向往自由职业，而文案这项技能可以帮助更多人达成梦想。中国台湾文案人李欣频说："40岁后，1年时间工作，1年时间拿来旅游，如此可以确定后半生有一半的时间是不会浪费的。"我想，这样的生活应该是很多人向往的。

文案是为商业服务的，是用文字的方式来解决商业问题。可以说，文案写得好的人，在这个时代不会过得很差。但所谓"写得好"却是最难的。难在认知、难在执行。

关于认知，就是你心底对文案这个职位的价值认知。如果你认为好文案就是对谐音梗、网络热词、搞笑俚语的运用，是对文字的把玩，把文案工作的最大价值体现在文字游戏中，那大概率情况下是没什么发展前途的。在我国，几乎没有纯粹的文案职位。好的文案，通常都是复合型人才。这点从招聘网站上关于文案策划的职位名称和职位要求就能窥见一斑。对于文案的职业发展路径，一般来说有以下这几种：

如果你偏向于创意,那 4A 公司是比较好的选择。在这样的公司,文案的发展一般呈现这样的层级:文案—资深文案—文案指导—助理创意总监—创意总监—执行创意总监—创意群总监。

如果你偏向于营销,对市场有深刻理解,那不妨去甲方公司。这时你的晋升通路常是这样的:文案/策划—品牌文案/企划—品牌主管—经理—品牌管理高层或者职业经理人。

无论是在乙方公司还是在甲方公司,文案都是基础能力。

总结起来,文案当然是有前途的职业,但前提是要做得好。而好的标准之一就是解决商业问题。当然,如果你很文艺或者很向往自由自在的生活,那你完全可以往编剧、畅销书作者、小说家、自媒体大 V 方向发展,这又是另外一条路了,但这并非适合所有人。选择这条路,文字功底同样是基础,对读者的心理洞察、对社会现象的入微观察、独特的视角等都是必备条件。

第 2 篇

动笔前的思考路径及背后原理

第三章
第一步：内外打量，问问你代表什么

第一节　品类定位，卖货文案思考的起点

文案要想有前途，要想实现自身价值最大化，一定是要为企业解决商业问题。文字呈现的背后是系统的商业思考。所以想要成为文案高手，懂得商业策略是必要的。与卖货文案息息相关的策略就是了解产品（品牌）和了解用户。

前面也提到了写卖货文案的底层逻辑其实就是让自己站在品牌创建的最高处去思考，还给出了"3问+1画"的方法。其中三个问题是关于产品和品牌自身的。

一问是什么，确定品类，想想产品类型，找出你的同类并确立自己的位置；

二问有何不同，找卖点，并提炼独特卖点，占据用户心智；

三问如何证明，罗列信任背书。

这三个问题不仅是卖货文案要解决的，也是整个品牌

营销首先要解决的问题。当然这三个问题并非我独创的，而是得益于国内研究定位理论的大咖冯卫东老师在混沌研习社中的精彩分享。冯老师分享的是消费者面对一个陌生品牌时会联想到的三个问题，而我认为写文案推广产品其实就是要面向消费者回答好这三个问题。解答好这三个问题是为了保障文案的方向是正确的。然后才是修辞、技巧层面的"引诱"。

在卖货文案中，前两个问题是用来了解自身的，包括是什么品类、所处位置，最终要解释你能解决消费者的什么问题，满足什么需求。第三个问题是要你举例证明。我们先来回答第一个问题：是什么，也就是关于品类的问题。

一、什么是品类

设想一下，有商家找到你，请你帮忙写一篇产品的推广软文。你脱口而出的第一个问题是什么？一定是问"什么产品"。

对方会回答：手机、电脑、健康食品、饮料等。通过进一步沟通，你还会了解到：这是一款主打女性拍照的智能手机、是一款游戏专用的笔记本电脑、是一种运动饮料……

发现了吗？你下意识的反应是，首先想知道的是这个产品是哪个行业的，是电子科技还是食品饮料，抑或是房地产、农产品，然后你会确认对这个领域很熟悉或感兴趣后才会愉快地聊下去。如果对方告诉你是危险物品或是你不熟悉的产品，那么你可能宁愿不挣钱也不想费劲。

AC尼尔森调查公司对品类的定义为："确定什么产品组成小组和类别，与消费者的感知有关，应基于对消费者需求驱动和购买行为的理解"，家乐福认为"品类即商品的分类，一个小分类就代表了一种消费者的需求"。

从工厂和企业的角度来说，品类是产品所属的类别，类似我们说的行业，只不过相比行业来说，更为具体。比如办公桌就是家具行业下的一个品类，饼干是食品行业下的一个品类。在日常生活中，作为一般消费者的我们的第一反应根本不是行业，而是直接从品类开始。比如你今天想吃火锅了，火锅就是一个具体品类；年会快到了，你想买条礼服裙，这也是一个品类。可见，品类是指向具体需求的。

二、品类为什么重要

消费者虽然习惯用品牌名来表达需求，但第一个进入心智的是这个产品的品类，其次才是品牌所代表的品类特性。既然卖货文案研究如何把产品卖给消费者，那么当然要从消费者产生需求时的第一反应开始。这里插一句：虽然很多情况下，作为一名文案人员，你可能不会参与前期关于品类的开发和规划，但如果你希望你的文案直接促成销售、希望自己的职业生涯能走向巅峰、希望自己不仅仅是文案写手，而是成为营销专家的角色，那就不要仅仅盯着自己当下做的那点事儿，而是往前往后都看一步，要关注行业、关注产品、关注渠道，多了解背后的原理，总之不要一上来就陷入怎么写的思维定式中，写之前多了解些与市场和产品相关的情况。毕竟许多中小企业的老板对市场的把握未必有多精准，作为文案人员不要只是被动地接收信息，多思考、多观察、多提一些建设性的意见总归是有好处的。

言归正传，品类之所以被放在研究的首位，从产品研发的角度来看，明确品类才能对接消费者的需求，并用产品去满足需求；从建立品牌的角度来看，品牌进入消费者心智时，首先进入的是品类的概念，其次才是品牌特性；从卖货文案的角度来看，需要明白你要推广的产品是什么，能解决的问题是什么，该产品和品牌处于什么阶段，品牌处于该品类的什么位置，这些都属于品牌定位的范畴。**品类既对接产品端，又指导着品牌营销。在畅销书《品牌的起源》中，作者揭示了隐藏在品牌背后的关键力量：品类。作者认为，开创品牌最重要的是先开创品类。**

三、为什么要开创新品类

为什么要开创新品类？因为这样更有利于跳出红海，助力品牌脱颖而出。商业竞争的基础单位是品牌，但是品牌是依附于品类的，只有品类生命力强，品牌才可能强。

而建立品牌最有效的途径之一就是开创一个全新的品类。新品类往往意味着新品牌诞生的机会，品类的差异化其实就是品牌的最大差异化。企业占领一个新品类，可能会诞生一个新品牌，占领多个品类，可能会诞生多个品牌。注意，我这里是说的是可能，因为是采用多品牌战略还是单一品牌战略，并不是绝对的。确实有不少公司采用现有母品牌延伸推出新产品的方法，不过这些品牌延伸大多是产品线延伸而非真正的品类延伸。比如海飞丝干性发质洗发水、雅诗兰黛特润修护精华液、兰蔻新清莹柔肤水等都属于产品线延伸。是采用多品牌还是单一品牌涉及企业战略问题，在这里先不进一步展开了。总之，从长远来看，真正能使得品牌处于不败之地的，还是得益于最初选择另辟蹊径开创了新品类。比如可口可乐，之所以至今仍然成为全球最有价值的品牌之一，最大的原因在于其开创了"可乐"这个品类并占据第一。国内这方面典型的例子如阿里巴巴，它在推出新产品时采用了单一品牌战略，比如淘宝、天猫、菜鸟、支付宝等，因为开创了新品类所以也启用了新品牌，现在看来都很成功。

其实开创一个品类并占据第一的位置，很像我们常说的：宁做鸡头，不做凤尾。

虽然说从时间来看，所有的"新"都会变成"旧"，但成为某个品类第一还是好处多多。今日资本的徐新曾说："判断一个生意是不是好生意，首先就是看是否能占领品类的垄断位置。第一意味着最低要达到30%的市场占有率，互联网企业则要达到60%的市场占有率。而成为第一的好处呢？通过对美国创建于1921年的25个各个品类第一品牌的持续追踪，发现到了20世纪80年代时，60年过去后有21个品牌还是所在品类的第一，剩下4个品牌里有3个成为第二。所以，占据品类第一的好处是未来的好日子会很长。"㊀

四、新品类从何而来，又是如何被创造的

发现新品类和新的市场机会是企业战略要解决的事情，它也是定位理论从传播层到战略层转变的一个有力印证。从企业层面来看，品类定位可以归结到战略定位阶段，但企业战略是品牌战略的组合，所以品类定位也可以归入品牌定位的第一步，我们可以把它称为基础性定位。它可以用于指导产品研发和品牌整体定位。

除非是开天辟地的发明创造，对于大众消费品来说，新品类往往是从既有品类分化而来的，而且立足点通常是来自消费者心智之中的空白位置。虽说品类最初定义的是产品类别，但从品牌营销的应用来看，品类是在消费者心智中创建的。既然是在心智中创建，就要了解一下消费者

㊀ 摘自今日资本徐新于混沌研习社的演讲，演讲题目：把握品类机会，打造第一品牌。

心智都包含什么。在《战略品牌管理》一书中，凯文·莱恩·凯勒给出的定义是这样的：消费者心智包括存在于消费者思维当中任何与品牌相关的所有事物：思想、感情、经历、形象、感知、信念、态度等。简单来说就是关于品牌的各种具体的和抽象的联想。由此可见，心智中的位置不局限于产品本身的物理层面，而是更丰富。比如蒙牛、伊利的"草原奶"，江小白的"青春小酒"都是在心智中创建品类的。

但是心智中的品类不是凭空而产生的，不能随意创造，要遵循一定的规律。其来源有两个方面：一方面依托于品类的自然分化原理，依托于消费者个性化、多元化的需求；另一方面取决于消费者的心智共识，也就是与习俗、常识、人类本能的认知等相关。在此基础之上，品牌才能快速抢占心智中的空白地带。比如"酒""奶"已经是大众熟知的品类了，健康酒、养生酒、酸奶等就是借用原有的品类名建立起来的。

品牌想做强，需要明确的品类定位。这个明确的品类最好是消费者心智中没有的，而且有意义、能切实满足需求，能引起共鸣的。比如，专门做一个恒温的杯子品牌，这是比较明确的品类定位，至于能否成为第一则取决于企业的战略眼光和整体的品牌运营能力。

从大的方面来说，新创品类一方面来源于颠覆创新，一方面来源于细分。在实际应用中，来源于细分的情况更多些。在高科技行业，新的科技可能产生新的品类机会，比如以苹果为代表的智能手机，一方面得益于3G、4G技术的成熟，另一方面苹果创造性地将真正的电脑操作系统装进手机，并且这个系统还是非常好用和人性化的Mac系统，是它把手机从硬件主导变成了软件主导的市场，所以一经上市便产生了颠覆行业的效果。当然，关于苹果的成功，技术只是一方面，更难能可贵的是一种理念的创新。

那如果是技术更迭不那么显著或者技术创新能力不强的行业呢？比如随着服装的进化，有男装、女装、童装、中老年服装，这种进化可能会无限延续下去，都可以归到细分这个大的方向里边。企业要做的是找到这个细分切口后，进行品类定位，要精准、聚焦，要小而美，不要大而全。提到花生油，你会想到鲁花花生油；提到乳酸菌饮料，你会想到养乐多；提到去屑洗发水，你会想到海飞丝，等等。这就是细分并聚焦了品类，并且还将品牌与品类关联在一起，成为一个细分品类的第一。

谈到这里，你可能会发现，品类定位怎么和洞察需求差不多呢？确实，我们说营销的本质就是洞察需求，然后满足需求。**而洞察需求最本质的就是洞察新的品类机会，这样才能帮助企业保持创新。**纵观企业的发展史，如果一家企业只关注当前市场，不寻求开拓新市场，那是很难持续发展的。比如我们曾经耳熟能详的品牌，摩托罗拉、诺基亚以及柯达等，它们的辉煌已经属于20世纪。

大家不妨再深入思考一步，消费者需求从哪里来？是消费者自己提出来的，还是要营销者、创业者去发现引导呢？这个问题我们会在后面的章节中具体探讨，这里先给出一个观点：那就是从品类创新的层面来说，固然有许多新产品是从消费者本身的需求得出的灵感，但真正开创性的品类创新并非消费者提出的，而是通过技术发展、时代的前进、时尚的演变或者人们文化、性别、年龄等带来的不可避免的冲突促成的，然后善于发现的公司和创业者敏锐地把握住机会，占领这个品类（机会）。从进化论的观点来看，新的物种就是会淘汰旧的物种，自然界的生存竞争创造出新物种（品类）。因此，从根本上说，是创新在引领品类的未来。当然，我们探讨问题需要一个边界，从卖货文案能涉及的边界来看，关于品类定位和开创品类，我给出两个方向和三条途径，仅供参考。

两个方向：一个是产品开发方向，一个是营销定位方向。前面对品类创新的探讨其实多集中在产品开发方面，也就是产品技术层面的品类创新，其实有些品牌是通过营销定位的方式来策划出一个新品类概念的，而且这个具有"新概念"的产品还确实能留在消费者心中。

两个方向为我们提供了一条思考路径：在产品还没正式研发出来之前或者还有改进空间的时候，可以先从产品开发的方向进行思考；如果产品已经不能改变，则看看能否从营销定位层面打造一个新品类。

不管是哪个方向,都可以通过品类命名来区分,具体有三条途径(见表3-1):**一是跳出来,二是扎进去,三是原地占坑。**

表 3-1 确定品类和品类创新的思考路径

途径	方向一:产品开发	方向二:营销定位
跳出来(大创新),改变原有品类名称	创新发明:四大发明、苹果触屏智能手机、爱迪生发明电灯;技术迭代创新物种:奇异果、奶片、营养快线	方便面变秀餐面 方便面渣滓变一口脆 新西兰猕猴桃变奇异果 (因为产品本身并没有特别实质的变化,所以放在"营销定位"的方向上) 备注:奇异果属于猕猴桃优选品种,但本质上也属于猕猴桃,所以我认为它的品类名称由来既归功于产品开发也离不开营销定位
扎进去(局部革新),对技术进行细分,或代表更先进工艺、更聚焦的定位	减肥茶、老人鞋、无糖饮料、防电墙电热水器	青春小酒、男士香烟、小罐茶
原地占坑(抢地盘)	就是进入红海市场,品类名称延用行业内通用名:比如空调、电冰箱等,美的空调、格力空调。品类名行业通用,需要借助营销进行定位	基于设计包装或特殊意义的产品:奥运纪念公仔、明星签名T恤。除此以外,大多数产品需要**突出品牌定位,尽可能让品牌成为某种特性的代表:怕上火喝王老吉;上天猫,就购了**

何为跳出来？ 就是颠覆性的发明创造，或者具有某项技术上迭代创新的物种，其经过改造后已经和原来的产品不一样了，这时候就要起一个新的品类名。比如苹果的智能手机，就是跳出了以往功能手机的竞争，属于大创新，这样的战略一般出现在科技类品牌中，或者具有自主研发能力的企业。这样的新品类开发是基于产品物理层面，也就是说属于产品研发阶段的品类创新。

当然，颠覆品类名称，开创一个全新名称，也并不意味着产品就一定要有多大创新。有些聪明的商家仅仅凭借略微改变产品原有形态、起个名字换个包装即可以开辟一个新物种。最典型的就是把方便面渣滓变成"一口脆"，其实就是将方便面压碎后制成了小圆柱颗粒后烘干，就这样成了一款全新小零食。

何为扎进去？ 就是在现有的品类中分化出一个更聚焦、更垂直、有足够容量或特性的市场，然后还要不断迭代、微创新、保持领先地位。这种方法大多属于"市场中有，心智中无"。有两个方向。

一是从产品研发方面来说：相比第一条路径跳出来，这个方向不属于技术上的大创新，而是某些局部的革新，或者说品类的分化命名还需要借助原有品类名才能更容易帮助消费者建立关联。具体来说分为几种情况：第一种是在技术层面对产品进行了局部革新，主要是功能上更具针对性，或者技术上的改进使性能更突出。当然只有这些革新对消费者真的有意义才有可能被引导成一个独立品类，然后你可以在原有产品属性的基础上加上更通俗、易懂的暗示质量、暗示性能的定语，比如减肥茶、肠润茶、深附吸油烟机。第二种是从人群中分化，原有大的品类难以兼顾小众人群的需求，并且这些小众需求达到了一定可行的经济规模。比如老人鞋、孕妇装、泳衣等，这种情况需求会反向引导产品的创新。以上两种情况都属于通过产品层面的变革去开创品类。

二是从营销定位的角度来说：能不能打造一个独立品类呢？答案是确实有品牌从感性认知层面赋予产品一个象征性品类，比如江小白的"青春小酒"、万宝路定义的"男士香烟"。还有跳出原有茶叶分类的小罐茶，它既是一个品牌，从某种意义上也可以说建立了一个全新的品类，这个品类是标准的象征，代表着统一的小罐、统一的重量、统一的品级、统一的价格。这种品类的创新没有直接体现在产品本身的物理属性这个维度上，而是赋予了其更多的含义。

何为原地占坑？ 就是进入一个成熟品类中抢地盘，或者某个品类已经形成，但市场还未饱和，基于强大的品类诱惑和自身资源你想要进入分一杯羹。严格来说，这不属于品类创新层面，而是品牌定位的事情。原地占坑就是进入一个现成的红海市场。

以上的分类未必有多么精确，我更多是想提供一个思维框架，从品类创新层面作为思考的切入点，对产品研发和品牌营销都有借鉴意义。因为品类创新是创建一个全新品牌的快捷方式。

五、品类和品牌的区别

从企业角度来看：品牌可以跨越多个品类。但一定要注意，跨品类延伸是一把双刃剑，如果是非常相关的细分品类，则可能促使品牌成为行业第一，比如宝洁的品牌管理法；如果不管品牌定位，随意跨界，则可能给母品牌带来灾难。

从消费者角度来看：品牌是寄生在品类之中的。消费者有需求的时候第一时间想到的是品类，然后才是在品类中找品牌。所以，品类和品牌是共存亡的，品类生命力强，消费者一直有这类需求，才能让品牌共同成长。比如曾经全国知名的自行车品牌凤凰和永久，随着消费者对自行车需求的减少，品牌也就暗淡了。

从定位层面来看：虽然开创品类可以从产品的"实质层面"和营销的"非实质层面"入手。但从实际应用来看，真正的品类创新、品类分化借助的定位更多还是与产品直接相关的，是基于产品本身实质功能的定位。从纯粹营销战术上给产品起一个新名字并非不可，但那需要特别谨慎，不能无限制随意创造，如果滥用新品类名，会被消费者认为是在玩概念。

或许有人说营销是认知大于事实。但现在这个时代，一个品牌想要长久，哪怕最开始是从营销层面创造了一个品类概念，但最终一定是要达到"概念认知＝产品事实"的。品类创新是给品牌定位提供了一个实操性的技巧。

六、品类定位的原则

品类定位可以看成是给品牌定位的第一步。当一个品牌想要基于开创新品类而开创新品牌时，如果确实不能基于产品物理层面进行"实质性"的品类定位，可以尝试从营销学方面给予一个概念的定位。

因为进行品牌定位时，最快占据消费者心智的方式是品类创新。既可以从产品本身物理层面挖掘，也可以从产品以外的精神、情感、象征意义等层面挖掘。即便最初不是基于产品物理属性的，也是要有"基于市场的心理依据"的，并且最终要实现"概念认知＝产品事实"。因为生意想长久，产品的事实还是很关键的。

比如给一个产品赋予"女神饮料"的品类定位，那么并非随便起个名字即可，而是从包装设计到产品本身的功能属性都要围绕"女神"这个元素展开。

这里推荐一个原则，那就是如果你的产品确实在技术上有创新，而这种创新对消费者有积极意义，那首先想想是否可以赋予其一个更有意义、容易被感知的品类名。方法是强调"突出的利益、容易被感知的卖点＋原有属性"。
还有一点是，如果你的创新已经避免了原有品类产品的缺陷，那最好避开原来的品类名。比如高压锅带给人们不好的使用体验，而"电高压锅"实际上已经对此进行改良，而且还增加了煮饭、煲粥的功能，但它依然沿用了原来不好联想的品类命名，只是简单地叫电高压锅。试想我们是否可以大胆给它起个新名字，比如叫"快熟锅"呢？当然有些行业的通用名称是不可以随便改的，这就需要起名字的时候多做了解，这个思路是想告诉大家，对于品类名我们可以延用部分好的、积极的、带来正向联想的原有品类名，对于负面联想的品类名不妨大胆创新。

七、品类定位与卖货文案的关系

前面说过，对品类进行定位绝对属于公司战略层面的大事件，它涉及企业发现了什么机会，要解决什么问题，然后用什么样的产品和品牌抓住这个机会。这已经不是从传播层面去考虑的事情了，应该由 CEO 来把关。

对于卖货文案来说，我们的任务通常是开始于产品开发出来之后，或者品牌定位都已经明确的情况下，这时候的工作通常是从一个具体的产品开始的。也就是说，本书中关于品类的定位重点讨论的不是产品开发阶段的事情，不涉及产品功能、物理层面的大创新，而是希望从品牌营销的角度来切入，帮助文案从业者厘清一个思考路径。

不管是给产品写推广软文，还是做培训课件，只要最终目的是把产品推销出去，那么肯定要了解产品。而品类定位是了解产品的第一站。着手写作之前，你首先需要明确眼前的产品是否有很强的品牌背景。如果你推广的是一个知名品牌旗下的某一新款、新系列、新型号的产品，那它本身自带的光环首先是"出身背景"，其次就是围绕具体的功能、面料、设计理念等提炼出一个突出的亮点作为独特卖点。当然在此基础上还可以加入"新品上线，全球首款限量发售"这样的文字。如果是拍广告片，那就需要在品牌理念的指引下，围绕产品卖点展开创意。

注意，并非说有一定品牌知名度的产品就一定畅销。品牌营销是一项系统的工程，这里只是从写卖货文案的角度拆解写作之前的思考路径。

事实上，我们大多数时候接到的任务都并非这种有一定知名度和影响力的品牌产品。要么根本没有品牌，要么有一定市场基础，但品牌没有多大认知度。这时候我们的工作就不仅仅是停留在产品的实体层面了，不能直接上来就盯着产品的功能属性进行提炼挖掘，而是需要考虑更全面一些。或许没人要求你这么做，但有意识地锻炼自己的思维深度对职业发展是有益处的。

对于进入市场不久、还没有知名度的产品，在撰写卖货文案的时候，首先需要确定这款产品属于哪个品类，是矿泉水还是饮料，如果是饮料，是无糖饮料还是果汁。总之看看是否可以归属于已经被大众所熟知的品类之中。这样做不仅是为了提炼卖点，从品牌创建的角度来说，其实也是做好品牌识别的关键。

然后你需要了解该产品是否有足够强大的品牌背书，你要对标的是哪个品牌。

具体的方法在提炼卖点的时候会谈到，这里需要了解的就是如果能够从品类上进行区隔就要首选品类区隔。这样做的好处是有助于快速进入某个细分市场，容易建立品牌识别，争夺某个品类的第一位。你需要分析你的产品是否存在微创新，并且这个创新可以大胆地开辟一个新品类吗？比如奇异果就没有叫新西兰猕猴桃，而是直接启用了新名字，价格就比猕猴桃高了许多。你的产品可以这样吗？或者有更垂直的人群市场吗？比如运动裤，是否还可以分化为马拉松裤呢？你现有的产品（裤子）支持这样的分化吗？（可能市场不够大，可能是伪需求，需要调研和评估。）

如果你的产品属于一个已经很成熟且无法再分化的品类，产品本身的物理特性也不具备分化的条件，比如无糖口香糖就不能再分化了，这时候要么放弃对品类"动手脚"的念头，直接从产品本身的物质和品牌情感精神层面来切入，要么就像江小白那样从情怀上打造一个青春小酒的品类，抓住重点人群进行产品定位和品牌定位。可见，对品类进行定位不仅是产品开发阶段的工作，也是在进行品牌营销、文案撰写提炼差异化概念时必要的思考步骤。

需要注意的是，关于品类的创新要避免走向一个极端：为了创新而创新。品类创新绝不是起一个新奇特的名字故弄玄虚，而应当是基于真实的需求，或是产品功能的需求，或是精神方面的需求。

以上分析其实都属于定位理论涉及的范围，图3-1是定位触及的企业业务动作范围。撰写卖货文案时，你是直接从市场推广阶段介入，还是在产品开发、品牌战略阶段介入，将直接影响你的能力的发挥。动笔之前，不妨先了解一下你究竟能参与到哪个层面。

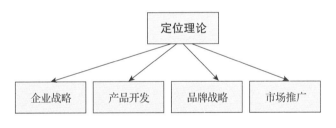

图3-1 定位理论辐射范围

为了更好地理解品类创新在战略中的作用，我们把战略的问题再延展一下。对于一个大型的、由多种业务组成的企业来说，其战略可分为三级：第一级是企业级战略，就是从大方向上制定业务规划，主要解决进入哪个行业。第二级是业务级战略，也叫竞争战略，关注的是如何在选定的行业中创造竞争优势，就是我们常说的差异化定位。然后围绕这一定位设计合适的业务组合和运营活动，以保持竞争的持续和不可复制，其实这也是品牌营销和卖货文案能参与的部分。第三级是企业内部职能部门各自的战略。注意，对于单一业务模式的企业或者中小企业来说，通常第一级和第二级战略是一体的，我们常遇到的就是利用一个品牌的一款产品去打市场，卖货文案所涉及的也就是这种单一业务的业务级战略。迈克尔·波特的研究表明，企业是先有业务战略（竞争战略，也叫品牌战略）才有企业战略。换句话说，企业的战略是一个一个品牌战略的组合。

业务战略有三个原则，或者也可以说三个通行的战略，适合任何企业。一是成本领先，二是差异化，三是业务聚焦，第三个战略与前两个战略交叉，要么是低成本聚焦，要么是差异化聚焦。大多数公司都采用这两种战略。

那这些与卖货文案有什么关系呢？卖货文案是在接到一个既有的产品后开始的，那么其实它涉及的关于品类的定位确切地说更多是在"识别"品类阶段，然后看看是否可以从营销上给一个"概念"性的定位。而这种做法不仅体现在传播层面，其实也是企业竞争战略的常见打法，大多数公司也是在一个被框定了的经营环境中，通过改善自己的产品或服务来介入竞争。

举个例子，在网约车没有出现之前，国内出行领域基本上就是出租车公司之间的竞争，信息化落后、价格高都是通病，但没有人去关注这些，不同的出租车之间相差无几。但网约车出现后彻底改变了这一模式，带来了行业的震动,这种变化如果套在品类上来说就是品类创新,出现了一个新的方便打车的产品。其实就是引领了客户需求。这是跳出了原有的品类去开创一个新市场,不局限于在原有的框架下一味追求差异化和低成本,而是跳出原来的框架。这就是蓝海战略:企业通过跨越竞争边界,大胆开创,重建了市场和产业边界,从原本血腥的红海竞争中脱颖而出。卖货文案虽然不涉及产品设计研发,但如果能从战略的高度明白其前因后果,会有助于你对整个品牌营销建立起深刻认知。

第二节 品类命名,抢占先机

前文说了,创造品牌最好的方法,就是开创新品类,成为第一,并给它起名——品牌名。但光有品牌名是不够的,或者说给品牌命名并非思考的第一步。

我们知道,消费者习惯先按品类思考,到了真正表达的时候,才会直接用品牌名代替:我想吃火锅,是品类,但具体想去哪儿吃?海底捞!品牌营销要做的,是缩短这个思考过程,也就是让品类名和你的品牌名画等号。

消费者面对一个新品牌时会问3个问题:是什么品类,是什么品牌,有什么特色。越早从最底层进行有差异的或者有特色的区隔,就能越快占领消费者的心智,对于品牌建立和传播就越有利。

据研究，同一个品类中消费者最多能记住 7 个品牌名。实际上，就像奥运会的单项比赛，我们会清晰地记得谁是冠军，也许还会记得亚军和季军，再往后还会记得吗？这其实是一个道理。所以我们才说创建品牌最好的方法是开创一个新品类，而开创新品类就涉及命名。本节就来聊聊与品类命名相关的事。

真正颠覆性的品类创新并非易事，许多企业的产品都是从原有品类中分化出来的，自然其名字也会借用原有品类的属性。产品属性是与生俱来的。水、米、小麦这些我们的祖先早就已经命名好的属性分类是不能轻易被改的。有些属于近代的发明创造，比如手机、电脑、电视、冰箱等，随着时间的流逝也形成了固有的分类。我们对品类的发明创新通常是在原有属性分类基础上的改造。所以新品类命名的第一个原则就是尽量与原有属性进行关联，也就是要有根：将水果榨成汁所以叫**果汁**；将牛奶改成嚼着吃，所以叫**奶片**；电视有**黑白电视**、**彩色电视**、**液晶电视**、**等离子电视**。多数新品类都借助原有品类的名称进行细分，这样做的好处是更容易对接需求，一旦消费者产生购买需求，就更容易产生联想并进行识别。当然也有例外，当你的产品是第一个进入人们心智的产品时，就可以任性一点了，比如"可乐"。

除了与原有品类有关联，新品类命名的时候还要考虑是否直白清晰，是否简洁明了，是否能体现品类的特征。

比如无糖饮料、减肥茶、干脆面、增高鞋等品类名都是比较直白清晰的。电脑相比计算机就更简短、更容易理解。另外，品类名称还要避免引起不好的联想，比如"人造黄油"就没有"植物黄油"听起来舒服。

第三节　让品牌为品类代言

上一节说了品类命名是抢占先机的第一步，如果不好在品类上无法下太多功夫，这时候就要考虑在品牌上多下功夫了。

首先还是命名。给品类命名对于品牌营销能起到事半功倍的作用。品牌名称是在品类命名之后诞生的。经过一番努力，你终于起了一个满意的品类名，下一步就是给你的品牌命名了。创新或进入了一个新品类，通常来说也需要启用新的品牌名。其实品类命名的原则对品牌命名也适用，只不过品牌名称的维度更广泛和抽象些。

我们说最好的效果是品牌成为品类的代表，那品牌名里出现品类名可以吗？其实这是多余的。首先这会造成传播上的浪费。我们能记住"困了累了喝红牛"，那如果换成"困了累了喝红牛维生素功能饮料"呢？是不是显得很多余？想买手机时，我们会直接说要买华为、小米、苹果，而不是华为、小米、苹果智能手机吧？人们习惯先思考品类，但最后是用品牌名来直接表达需求的。品牌名与品类名重复，也会带来品牌注册和设计 logo 形象时的麻烦。总之，掌握原则，在进行品牌命名时，首先考虑的是反映品类特性或者说品牌的战略定位，然后再考虑是否易于传播、创意是否独特等。

品牌要代表品类的特性。比如，王老吉（见图 3-2）这个品牌率先占领了饮料中"凉茶"这个细分品类，又率先占用了"怕上火"这个特色，然后用王老吉这个品牌名进行传播。

你一定熟悉红牛（见图 3-3）的经典广告语："困了累了喝红牛"。而之所以用这个广告语，在于它成功地把红牛的品类特性——"功能饮料"表达出来了。红牛是第一个代表"功能饮料"的品牌。如何突出"功能饮料"这个特性呢？一个言简意赅又十分形象的名字——"红牛"就非常贴切。

图 3-2　王老吉　　　　　　图 3-3　红牛

当然，具体到给品牌命名的时候，考虑的不能仅仅是品类定位和产品特性，还包括是否能被合法注册、是否易于传播、是否独特或者这个品牌名是否容易向外扩展延伸。（尽管我们倡导占领一个品类起一个品牌名，但在产品线丰富或者母品牌很有影响力的情况下，还是会采用品牌延伸的策略，哪怕是跨品类，比如江中牌猴头菇饼干。但我依然认同，从建立长期的、伟大的品牌目标的角度来看，独立分化是必然的。）

虽说我们强调品牌名称应该和品类特性进行关联，但有时候却不能太过关联，要给品牌的成长留有空间。所以事物都有两面性，如何给品牌命名也是大有学问。

关于品牌命名，鉴于我的水平有限，就不再进一步探讨。我借用冯卫东老师的话给大家分享几个原则：第一是通过品牌名能直接联想到品类和品类特性，这适合单一业务战略的企业。在这方面，俏江南就没有巴蜀风这样的名字贴合。第二就是品牌名要听起来像是品牌名，就是刚才提到的不要太过像一个品类的通用名。比如你做内衣，你不能直接给它取"漂亮内衣"这样的名字。第三就是有创意、有传播性。比如农夫山泉、周黑鸭。第四就是避免歧义。比如周六福、周大福、周生生。

说完了命名，我们来谈谈为什么要让品牌成为品类代表。其实这样说也不太准确，应该是让品牌成为某个品类特性的代表。因为一个品牌不大可能代表一个品类的所有特性，所以企业通常会采用多个品牌去运营，比如宝洁模式。成为某个品类特性代表的最直接的好处就是容易被感知，容易成为品类第一名。

那如何证明品牌是不是某个品类特性的代表呢？答案在消费者的心智中。品牌是可以实现心智预售的。从这个层面上看，即便到了今天这个信息空前对称、消费者决策更理性、购买超级便利的时代，品牌效应依然有效，因为品牌影响心智。

注意，品牌竞争的终极战场是要争夺消费者的心智，虽然这并非唯一战场，产品、渠道同样重要，但品牌最终是在消费者的心智中创建起来的。在实际的商业环境中，很多的品类中挤进去太多的品牌了，想争第一并不容易。这时候如何在消费者心智中树立独一无二的、产生情感偏好的品牌联想就至关重要了。

打造品牌的好处，从消费者的角度来看，可以识别同品类中不同品牌之间的差异、降低消费者的选择成本；从企业自身来说，则是得到了知识产权保护、顾客忠诚度、竞争力、溢价权等诸多好处。强势的品牌是价值连城的资产。可见，品牌既能影响消费者决策，也能为企业的稳定收益提供保障。而产品质量再好，通常它的生命周期也不会太长。因为随着时代发展，产品势必会更新换代，如果没有品牌资产的累积，产品的出现或消失都不会引起任何波澜。除非有一种情况：那就是独一无二的发明创新，不会有人和你竞争。而做到这一点，其实产品已经被推到品类第一位了，产品本身就是品牌了。

所以,想做一个持续几十年、几百年的生意,肯定是要打造品牌。但打造品牌,并非起个名字就行。就像我们每个人都有名字,为什么有人能成为世界名人,流芳百世,而更多人在默默无闻中了此一生呢?历史上的伟人一定是在某个领域做出了卓越成就的人。同理,一个品牌想成为百年品牌也一定是在它的领域里成绩卓绝,最重要的是,在追随它的消费者心中,它是独具意义的。

为什么说打造品牌最好的方法,是创建一个自己可以成为第一的品类呢?品牌是在消费者心智中安家落户的产物,它更多的是影响消费者的认知。而如果你在同品类中创建品牌,就要让消费者在一群叫"女装"的同类中选择你,在一堆叫"电脑"的电子产品中认识你,你要在成千上万同属性的竞品中脱颖而出,让消费者喜欢你、认为你比别人都好、都独特,可想而知难度多大!你需要在产品的差异化、市场营销、渠道布局等多方面处于优先位置才行,这该有多难呢?如果你另辟蹊径,率先占据一个领地,叫"高龄孕妇服务"或者叫"游戏专用电脑",然后让你的品牌成为这个品类的第一并持续投资这个品牌,这样脱颖而出,让消费者认识你、记住你是不是更容易呢?**从这个意义上来说,打造品牌最佳的时机,恰恰不是市场容量最大的时机,而是市场为 0 的时候**。这和传统的调研市场容量、满足消费者需求的营销理念并不矛盾。开创新品类并用新品牌占领新品类是打天下的阶段,而关注市场、关注消费者需求是维护品牌的阶段。如果不好理解，你可以想想乔布斯的苹果手机、爱迪生的电灯泡，再往前推还有我国的四大发明，这些具有开创意义且对人类生产生活带来深刻影响的产品在推出之前，市场容量是多少呢？

不过必须要提醒大家的是，并非开创一个新品类、注册一个新品牌就一定能成功。这个时代，靠一个好概念就能行走天下那是痴人说梦了。当企业想进入一个新市场的时候，需要考虑自身的产品是创新型的、改进型的还是客户定制型的，这是战略阶段要考虑的事。**品牌是沿用现有品牌还是启用新品牌要结合市场的实际情况。**不过从长期目标来看，当一个品类发展到一定程度后，分化是必然的。利用这个分化的趋势，用新的品牌代替而非使用原有品牌的策略是被证明具有长远意义的。当然，每年仍有许多新上市的产品借助原有品牌来推出，因为从成本和风险的角度来看，借用已经知名的品牌推出新品无疑是有保障且低成本的。然而这种新产品多属于产品线的延伸，并非新品类，比如 RIO 开创了预调鸡尾酒这个品类，而 RIO 微醺鸡尾酒属于其产品线的延伸。

第四节 品牌定位、产品定位、市场定位

前面一直说的品类定位，是品牌定位中最受推崇的一种。定位理论相信大家都不陌生，它是由杰克·特劳特和

艾·里斯于20世纪70年代提出并重新定义的伟大概念。定位理论指出营销是关于心智的竞争，它始于产品，却不围绕产品展开，它是将品牌定位于消费者心智中，从而抢占消费者心智最有效的方法。

如今，定位理论的深远影响已经不局限于广告传播和营销领域，而是广泛应用于各个领域：推销产品、创建一家公司、职业发展规划都不离开清晰的定位。定位是一个统领全局的大框架，是企业营销战略的最高点。定位是企业的生存之道，所谓善定位者王，通定位者霸。本节中我想重点谈谈与卖货文案相关的3种定位：品牌定位、产品定位、市场定位。

一、品牌定位

定位理论始终是围绕品牌展开的。企业营销的终极目的也是构筑强大的品牌城墙。所以，面对自己企业的产品或者你要推广的产品，哪怕你并不能真正参与到品牌创建的决策层面，也请从品牌定位的角度来思考问题。

在平时的工作中，不少文案人员会面临这样的情况："小王，这是公司新出的一款洗面奶，是从××中提取的，祛痘效果特别好，现在给这个产品写个广告吧，要求攻心卖货！"这样的情形经常发生在销售类公司，因为其唯一目的就是销售产品，所以可能你的上级领导也并不会告诉你要做品牌定位，他们不重视品牌建设，而且由于不是品牌方，也不想操这个心，生意方式处于产品贸易的阶段。但不管你是否能直接影响品牌方，作为专业人员你有必要知道你所做的每一步都意味着什么，不要为了写而写。

定位是以品牌为基础的。所以，我们给产品写广告，也要先从"品牌"维度来思考。换句话说，广告文案创意工作也是以品牌为起点的，不要让自己的思维陷在一个具体的"产品"框框里。品牌定位是让该品牌具有持续的竞争优势或独特的销售主张，这样的定位是消费者购买该品牌产品的一个主要原因。品牌定位的目的是在消费者心智中找到一个合适的"位置"，使得消费者对某种实物产品或服务产生独特的、良好的、具有偏好的联想。

品牌定位是一个动态过程，是品牌在不同发展阶段面临不同竞争挑战时采用的传播策略的支撑点。所以品牌定位是有维度的。在定位前，需要考虑市场环境和确立竞争对手，不仅是差异化打造，还要确立品类的共同点等。一般来说，品牌定位包括以下四个方面。

一是确定目标消费者。

其实这已经属于市场定位的一部分了。选择目标人群对品牌定位而言非常重要。因为我们不能试图要求自己的产品要满足所有人的需求。什么是目标消费者呢？市场营销学是这样定义的：目标消费者是指企业的产品或者服务的对象,是企业产品的直接购买者或使用者。目标消费者决定了企业准备向哪些市场提供价值。说白了,就是你的产品要卖给谁。

关于目标消费者的类型,晁钢令在其所著的《市场营销学》一书中是这样定义的:市场营销学根据购买者和购买目的来对企业的目标消费者进行分类。包括:(1) **消费者市场**,由为了个人消费而购买的个人和家庭构成。(2) **生产者市场**,由为了加工生产来获取利润而购买的个人和企业构成。(3) **中间商市场**,由为了转卖来获取利润而购买的批发商和零售商构成。(4) **政府市场**,由为了履行政府职责而进行购买的各级政府机构构成。(5) **国际市场**,由国外的购买者构成,包括国外的消费者、生产者、中间商和政府机构。

注意,我们这本书讨论的范围都是消费者市场的目标消费者。确立目标消费者,是在细分市场的基础上,进一步锁定这些人的具体需求和行为趋向。所以这一步其实涉及两个动作,一个是要细分市场,一个是要确定和把握需求。具体如何细分市场和分析需求会在后边的章节中继续谈,这里大家只需要明白这个概念和它在流程中的作用即可。

在大众消费品市场,目标消费者可以根据年龄、地域、性别、收入、价值观、生活方式等来进行细分,也可以按照消费者的行为进行细分。比如对牙膏产品来说,有的消费者追求美白、有的消费者追求预防蛀牙、有的消费者希望防止口臭。顺着这些消费者行为摸清消费动机,你就可以知道你的产品该进攻哪个细分领域,进而研发新产品,涵盖所有需求。

二是确定直接竞争对手。

这点也很好理解。品牌定位是在目标消费者的心智中确定一个合适的位置,而这个位置通常是相对竞争对手的品牌在消费者心智中的位置而言的。品牌定位需要确立一个参照系,明确自己的对手是谁,明确对手在消费者心智中的位置是什么,所谓知己知彼才能百战不殆。

直接竞争对手或许容易确定,但藏在暗处或者不容易引起我们注意的间接竞争对手实在难防。比如出租车公司怎么也没想到,让它产生恐慌的不是别的出租车公司,而是网约车公司。面对这种情况,一方面需要企业提高忧患意识、跟上时代发展、努力提升自身产品的竞争力,另一方面要高瞻远瞩善于发现潜在机会。

为品牌确定多个竞争者以决定未来发展方向属于战略层面的事,尼康、佳能这样的数码相机品牌不仅要和彼此竞争还要防御手机相机品牌。对于负责广告传播的卖货文案来说,你最需要了解的是与当前品牌最直接、最相关的竞争品牌,以便建立起竞争参照。

三是确立差异点。

这点是被提及频率最高的。因为既然品牌定位是在目标消费者心智中建立起的印象偏好,那就免不了与其他品牌竞争。要有差异，才能让消费者识别、记住。所以，差异点或者独特性是相对竞争品牌而言的。

一般来说，确立差异点被认为是品牌定位中对消费者决策影响最大的。而且，确立差异点在品牌较多的品类中更重要。比如智能手机这个品类，已经挤进去很多品牌了，给每个品牌打造独特的差异点就非常必要了。品牌定位的差异点有时候等于卖点，是消费者选择的重要依据。关于如何提炼差异化卖点本节先不详细展开了，在这里我们只需要了解差异化是基于给消费者带来的利益而定的，千万不能仅仅是为了区别竞争对手而故弄玄虚，当然这种利益可以与产品的性能等产品联想强相关，也可以不与产品直接相关而与品牌的形象密切相关，比如奢侈品品牌的差异联想通常是地位等。

四是确立共同点。

差异化的竞争被很多人熟知，但说到要确立自身品牌和其他品牌的共同点可能很多人就会疑惑了。其实举个例子大家就明白了：尽管OPPO手机的广告主打的是"充电5分钟，通话2小时"，但它毕竟是智能手机，如果它的其他方面的性能不及格，比如没有拍照功能或者拍照很差劲的话，那对于当今的消费者来说选择它的可能性还是会很低。

尽管差异化是市场竞争中被提及最多也被认为是最关键的，但从根本上来说，**要想成功创建一个品牌，是要同时**

建立起品类的差异点和共同点的。因为没有品类的共同点也就不存在差异点。尤其是推出一个新品时，想让消费者接受也是要进行关联的。比如汽车的发明代替了马车，但想让最初的消费者接受它，也要说它是"比马更快"的交通工具，你需要帮助消费者理解你的产品和原有产品有何关联。

一定有人会问，差异点和共同点该如何取舍呢？这就涉及营销策略的问题了。一般来说营销者为了达到聚焦的效果会在初始定位阶段，采用差异化定位来主导市场。这种情况最难的地方在于如果这个差异点和品类里的共同点存在负相关怎么办？比如，当你以开创者的身份首次推出保暖内衣时，但衣服"很薄"的差异特性与"保暖"的普遍常识应该"厚实"似乎是矛盾的；还有普遍的认知里减肥食品都是不好吃的，而你的产品却口感好还有营养，该怎么说服消费者它优于其他减肥产品呢？

还有一种情况，差异点和共同点并非负相关，而是自然的取舍问题。比如去屑洗发水，如果只强调去屑，那基于洗发水这个品类的其他属性难道就不提了吗？消费者虽然是为了去屑来买你的洗发水，但依然要求洗完头发能够柔顺、光泽。

从上述案例来看，品牌定位要想成功，最理想的状态是让消费者相信你的产品：去屑还能柔顺头发、轻薄保暖兼具、好吃有营养还减肥。不过这可不是说这些特性要在一则广告中同时体现，而是可以针对不同的目标受众选择不同的传播策略。所以,你应该不难理解为什么我们说如果能开创一个全新品类,自己成为这个品类的第一更明智了吧!一方面可以消除消费者对原品类的固有印象(特指抵消原有品类和创新品类之间的负面联想),另一方面可以直接将**特性**和**共性**合成一个自己独有的"属性",从而简化传播程序。

总结:好的品牌定位可以帮助企业迅速找到营销的方向。其本质是帮助品牌找到持续的竞争优势或独特的销售主张。其中差异化很关键,但差异化不是目的。不要为了差异而差异,因为打造品牌是要同时建立品类的共同点和差异点。这里的"共同点"是提示我们在做产品创新的时候一定要基于真实的需求,哪怕是大的品类创新也是要有根据,能切实解决某个真实痛点、满足真实需求的。不是所有人都是乔布斯,营销人也不是发明家,多数企业是在原有的消费者熟悉的品类里进行局部革新。

品牌定位需要注意区分与产品差异化的关系。两者既有关系又有区别。产品差异化是品牌定位的基础或手段,但品牌定位是站在更高位置上的、全新的、全局的一种营销思路和战略。因为工业发展越强大,同一领域中的竞争对手会越多,产品实体层面的差异化就越难。无论是产品开发还是品牌营销都不要只紧盯着产品功能层面。

定位是永恒的话题。因为任何一个品牌都不可能为全体消费者服务,比较聪明的做法是:进入一个细分市场、一个没有强势品牌的品类，让竞争对手的优势点成为你的产品的一般特点，在此基础上打造自己的独特优势。

当你的产品不属于开创型产品，或者你所代表的只是一个很微小的细分品类，那就要保证你的产品在某些方面的特性特别突出，而在其他方面至少能与其他品牌保持同等水平。比如去屑效果特别好，同时在柔顺、亮泽方面也不弱于其他品牌。

找到并打造差异化竞争优势，依然是品牌定位最重要的工作，因为理论上来说差异化才是占据消费者心智的重要武器，除非你没有竞争对手。

有些理论会刻意把品牌与产品进行隔离，认为品牌是务虚，是在产品这个务实上面人为加个光环。有的学者和著作也会强调先产品后品牌，有的则是说品牌包含产品，我认为这样说都没错。大家只要理解，消费者购买产品时的决策顺序是品类—品牌—产品就行了，品牌是为了简化购买决策和降低风险而存在的。

虽然品牌定位更强调从认知层面去定位，但也要基于消费者需求和市场环境而综合考量，因为对于已经进入市场的品牌来说，品牌本身是"务实+务虚"的结合体。对于刚进入市场的产品来说，能尽早从品牌营销层面介入产品的研发设计肯定是有好处的。

品牌竞争环境是不断变化的，所以品牌定位也是阶段性变化的，是随着品牌发展的阶段而调整的。这就是为什么品牌定位有时是与产品本身有关的,有时是与产品无关的,有时候品牌定位就是产品定位。不管品牌定位是什么,都是要为品牌的长期价值赋能的,是为品牌资产添砖加瓦的。了解并明确品牌定位,对于广告传播至关重要,因为品牌定位需要通过品牌广告诉求来传递并依据顾客反应来建立。从基于消费者的品牌资产的角度来看,品牌定位最终需要体现出来的消费者所感知的品牌形象和个性是产品定位和广告宣传定位的有机结合。

二、产品定位

定位虽然是以品牌为基础的,但它是从一个具体的产品开始的。注意本书所指的产品都是宽泛的概念,是指一切能满足市场需求的东西:包括有形的产品如手机、电脑、冰箱、电视等,也包括某种服务或者一个人、一个组织。在写卖货文案的时候,常常挂在嘴边的是给产品提炼卖点,讨论的焦点也是围绕某款具体的产品来进行的。

产品定位其实包含于品牌定位之中,或者说可以理解为它是品牌定位的基础。为什么说产品定位是基础呢?因为产品是企业之魂,企业的业务开展都是围绕具体的产品展开的。不知大家有没有发现一个现象,平时营销人常把产品和品牌连在一起说,要么是"产品或品牌",要么是"产品和品牌"。造成这样含糊不清的原因其实就在于没有弄清楚产品和品牌的关系。

产品和品牌就相当于是一个人的幼年和成年时期一样。都是一个人，但如果不是一出生就自带背景，比如皇帝的女儿，那么普通的孩子在刚出生的时候，仅仅是有一个名字，这个名字还没人会在意。人们讨论她的时候就是围绕"这个小孩是女孩，大眼睛、高鼻梁、娃娃脸"，而一旦未来这个孩子成为某个领域的杰出人物了，比如成了一代歌星，那她的名字就是品牌了。理解了这一点，大家应该就能更清楚地理解产品本身的重要性了。给产品做定位，理论上肯定是在产品开发设计之初介入的，它是由行业和市场决定的。这涉及我们前面谈到的品类定位、品类创新层面，从企业战略层面决定要进入哪个领域，然后从业务战略层面决定做哪款产品。产品先天基因好，才有助于其后来的"成名"。

那么怎样才算是好产品呢？在同质化竞争的环境中，最常见的做法是赋予一个质量还不错的产品一个概念，然后将这个概念和产品捆绑在一起。那么评价标准是什么呢？这里有一个非常重要的思维模式就是不要从企业自身的角度去评判你的产品好还是不好，不要陷入工程师思维，要深度思索购买的本质。

其实对于大众消费品来说，用户购买的不是这个产品本身，而是这个产品所带来的综合体验。

用户体验不是停留在字面意义上的行为体验的营销方

式，它是一种产品开发和品牌营销的终极追求——产品就是让用户的体验达到满意甚至超出意料之外。而这种用户体验其实包含产品的三个层级：一是基础功能、物理价值，包含技术优势、价格、质量、包装等产品的实际使用价值，这种决策由左脑来驱动；二是情感层面，购买这个产品带给消费者的一种精神情感的认同、愉悦感，这种决策依赖于右脑；三是环境因素刺激后的综合反应，比如购买时的体验、互动的个性化体验，说白了是被企业营销后消费者产生的一种晕晕乎乎的蒙太奇般的感觉。

理解了决定产品好坏的终极标准是基于用户视角的用户体验和用户体验的三个层级，对于我们做产品开发和后续的营销都大有裨益。企业开展营销的目的是考虑如何把产品的最好体验定位到消费者的心智之中。**而最好的体验，不是多么先进的技术，也不是多么全面的功能，其实是一种虚实结合，让产品的物理价值和用户的心理价值交织到一起，产生美好融合的感觉。**

由此可见，消费者对产品的满意不是单一维度的，有些强势的品牌从一开始就是物质和精神两手抓的，这也为我们寻找定位点提供了思路。我们平时在说到产品定位的时候，常常联想的是这个产品的具体属性，也就是对应第一个层级，物理价值。等到产品进入市场，度过成长期到成熟期的时候，这时候往往会从品牌层面进行区分。这里有必要引入一个产品生命周期的概念。

产品生命周期说的是产品从进入市场到退出市场的过程，包括开发、引进、成长、成熟、衰退几个阶段。不同阶段的广告侧重点也是不同的。卖货文案接触到的产品是已经研发出来之后的状态，如果是刚刚引进的产品，这时候营销的重点是争取早期使用者，广告推广的策略最好是除了产品本身的功能属性、带来的物理层面价值的介绍外，加上大量促销、产品试用等方法，争取提升产品知名度，营造爆品的感觉。

如果产品处于成长期，这时候就需要从品牌层面介入，建立起品牌的偏好，这时候营销的重点就是品牌差异化和传达精准的利益点了。到了成熟期，竞品往往已经很多了，这时候营销的重点是采用多样化的产品和品牌来覆盖更多机会，一般来说是公司品牌旗下的不同品牌，比如阿里巴巴旗下的淘宝、天猫、支付宝等。

通过对产品生命周期的分析，可以推导出产品定位的重点。卖货文案介入的是产品已经开发完毕，要么是刚刚进入市场、要么是处于成长阶段的产品品牌，一般这两种情况居多。这时候对产品本身的物理层面做大的改造是不太可能了，所以我们的定位更多是基于产品本身属性或品牌的独特内涵，结合市场现状、消费者需求空缺来进行的差异化区分，期望树立起独特的、有价值的产品或品牌联想。那么重点是产品的物理价值还是品牌带来的情感、精神价值，就要具体分析一下产品所处的生命周期适合用哪种方式的定位了。

关于产品定位,有一个理论是,我们需要提炼出一个独特的、鲜明的主张或是一个概念。因为通常一个产品会有很多的信息点,但我们传递的时候必须有所侧重。这个理论叫作 USP(Unique Selling Point),翻译成中文意思是"独特的销售主张",也就是我们常说的独特的卖点。

从卖货文案能发挥价值的层面来看,产品定位经常有3种情况:

第一种是发生在原有品牌产品线延伸的层面。比如新推出了一个系列、一种新口味、一种新包装的产品,这个时候就要在产品层面进行区隔,一般来说对应的是产品生命周期的成长阶段。

第二种就是产品和品牌都是新推出的。这个时候对应的是产品生命周期的引入阶段,是一个从零开始打造全新品牌的过程。一般来说,在新品刚进入市场的情况下,我们会基于产品的物理属性进行功能型定位,侧重点在于产品功能给消费者带来的利益。方法还是先看产品本身的属性是否能代表一个新品类,主要操作是给产品起个名称。

即便先天基因已经决定了产品品类,但作为营销人还是应该尽力看看能否从非功能层面进行品类(名称)的再创新,比如能有助于肠胃蠕动减肥的膏药可以叫"贴贴瘦",然后就按照品牌定位的方法打造差异化优势。这里面有一个值得提的方法是,即便推出一个新品类,其实也要学会和替代的原有品类进行关联,因为人们接受新事物是需要时间的,比如:"智能"手机、"笔记本"电脑都是借用了原有的手机和电脑的概念进行定位的。**如果你推出一个全新的概念,不妨在宣传的时候告诉消费者这个产品不是什么,可能比直接告诉是什么更能有助于被接受。**

第三种情况是跨品类延伸的产品,比如云南白药牙膏。在这种情况下,你的品牌并非新品类的领导者,那么你就要想办法寻找空位,具体的方法我们在提炼产品卖点的时候进一步详细来聊。

三、市场定位

定位已经成为一种思维框架,起始于产品,应用于品牌,发扬于各个层面。市场定位就是定位更宽泛的应用。如果说品牌定位是针对消费者的心智而言的,是消费者导向的话,那市场定位则是基于外部环境和企业自身资源的一种定位选择。市场定位需要企业决定满足哪些人群(细分市场)、满足哪些需求(确认一下这些需求),然后才是如何用产品去满足。在进行定位时,通常是先进行市场定位,然后再进行产品定位,最后进行品牌定位,但也有的公司会将品牌定位作为统筹,我认为这要看企业自身的特点和决策层的风格倾向是什么,只要能指导业务开展,那就不必过多地去纠结于谁先谁后的概念。

市场定位说白了是基于外部环境和内部资源组合动作的一种决策,关于市场定位,有一个经典的STP理论(见图3-4)。

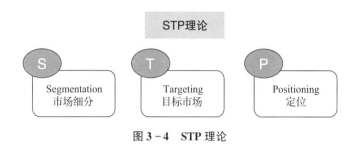

图3-4　STP理论

第一步,进行市场细分。

什么是市场?就是具有购买欲望和购买能力的人群。其实在进行市场定位之前,企业还需要从行业上洞见趋势,决定进军哪个领域。除了宏观环境分析,还可以从产业层面进行分析,通常是分析一个行业的产业链,寻找机会点,然后是结合企业自身的资源特性,比如技术、人力、文化、组织能力等,以及对竞争对手的评估,最终确定一个要进军的市场。

市场细分是对选定的市场进行定位的第一步,目的是将不同需求的消费者群体区分开来,方法是对现有的市场进行一个分层。变量有很多种,常见的是以地理环境进行区分,比如华北、西北、东北;或是以城市规模进行区分,比如是一线城市还是二三线城市;还可以从年龄、性别、职业等人文因素方面进行细分;还可以从心理因素等方面进行细分,比如生活方式是简朴、怀旧的还是追求新奇特的;再就是按照行为方式进行区分,比如追求质量的、关注价格的,或者更在意使用的方便、安全的,或者仅仅是为了面子的,等等。进行市场细分时,要"小而美"不要"大而全"。要相信,有时候局部就是会大于整体。成为某个区域第一比成为全球第一更容易实现,成为某个领域的专才比成为全才更让人信服。

市场细分最难的地方其实是变量的确定,如果对所有的变量都去逐一进行细分,工作量是很大的,而且还未必有效。比如即便是同一年龄群体、同一收入情况的人对房子的需求也不会完全相同。

关于市场细分的方法,这里推荐一个工具,是麦肯锡的细分八法,仅供参考。

(1) 地理位置:一线城市、二线城市、农村等。

(2) 人口特征:年龄、性别、收入、教育程度。

(3) 使用行为:使用量、费用支出、购买渠道、决策过程。

(4) 利润潜力:收入、获取成本、服务成本。

(5) 价值观/生活方式:价值取向和态度。

(6) 需求/动机/购买因素:价格、品牌、服务、质量、功能、设计。

(7) 态度:针对产品类别和沟通渠道的态度。

(8) 产品/服务使用场合：什么地方、什么时间、如何使用。

以上八种市场细分方法，最有效、最难以衡量和量化的是按价值观和生活方式进行细分，因为这种细分方式与人的心灵相关。从需求层级来看，如果企业能从更深层次的、涉及精神的层面来多考虑一步，那便会掌握市场的主动权。

第二步，目标市场选择。

经过市场细分后，企业要对细分的市场做评估，结合企业自身的战略、产品、资源的情况合理选择主打的目标市场。这个步骤就相当于前面品牌定位中的确定目标消费者。这个步骤需要考虑很多因素，主要是对目标市场是否具有吸引力、容量有多大、增长率、竞争强度、市场结构等进行评估，当然以上因素要建立在企业自身的资源配置程度上。**最理想的目标市场是容量巨大、具有很大的增长空间而且竞争强度还不大的市场。**

第三步，定位。

这一步实际上是产品定位的动作，也可以叫规划自己的产品线。企业需要结合自身的战略和竞争力，决定该如何满足你细分目标市场消费者的需求，就是决定派出哪些士兵去打仗。

这一步首先是要明确你的产品类型是创新型、改进型还是定制型。创新型就是我们前面说的品类的大创新，即开发一款市场上没有的产品。当然这种创新并不一定非得是新技术，更有竞争力的创新往往来自于系统的创新，而非单点式的技术创新。**检验创新型产品的最终标准就是看产品是否能给消费者带来更大价值。**

关于什么是真的创新，有必要再深入解释一下。我们引用经济学大师熊彼特先生的观点，创新是经济范畴而非科学技术范畴的概念。换句话说，不是一提到创新就一定是科学技术上取得了什么大突破。**他认为创新包括五种情况：**

（1）创造一种新产品。

（2）采用一种新的生产方法。

（3）开辟了一个新的市场。

（4）从上游的原材料上找到新的供给来源。

（5）任何可以形成新的产业组织方式或企业重组的动作。

除了创新型产品，对于国内大多数企业来说最擅长的是用改进型产品进军市场。这对应我们前边讨论的品类定位方法中的局部革新，就是对市场上现有的产品进行改进，可以是在自身原有产品的基础上开发新一代产品，推出不同口味、不同系列、不同型号的产品，目的是维持市场份额；也可以是发现同类产品中有哪些不足，然后去弥补占位；或者干脆就是换个包装、起个新名字去占领市场。这里我们再补充说明一点，虽然一直说新品类要用新品牌去占领，但在实际应用中要综合考虑自身企业的资源情况。在已形成强势品牌的情况下，比如苹果、小米、华为，想开拓一下产品范围，这时候可以用子品牌战略，但也要确保整个产品线的统一性。比如苹果、小米虽然旗下产品涉及领域广泛（但也在一定范围内），但不管是在设计细节方面还是在产品价值方面都体现了品牌统一的调性。

在产品定位这一步骤中，最重要的目标是对消费者需求的定义，就是了解目标消费者心目中对一款产品或服务的设想，包括实现什么功能、以什么款式呈现、满足什么心理预期、在什么场合使用等，了解越精细越有助于产品的设计开发。但是对于需求，又是千人千面而且还是随时变化的。其实真正掌握核心需求是很困难的，所以乔布斯才说，平庸的公司才去满足需求，而伟大的公司是创造并引导客户需求的。

第五节　案例分析

尽管打造品牌并非一定要采用新品类，但有无数个伟大的品牌成功案例证明，这是一种从长远来看更有效的策略。无论是在《定位》一书还是在《品牌的起源》一书中，作者都列举了大量的事实来佐证了这一点。本节我们也来列举一些采用新品类方式推出新品牌和采用品牌延伸的方式推出新产品的案例。

一、让品牌成为品类代表，采用新品类推出新品牌

如果你是 80 后、90 后，就很可能听过席梦思床垫。这是我印象中比较经典的案例了，记得小时候只要是去买床垫，大家都会不约而同地说到席梦思。我一直认为那种里面带弹簧、软软的、睡着很舒服的床垫就叫席梦思。但其实席梦思只是床垫的一个品牌。相信有这样认知的可不止我一个人。为什么会造成这种"误解"呢？因为它的品牌确实太出名，以至于让消费者以为软床垫就是席梦思。而之所以出名，和它开创了弹簧软床垫这个品类的品牌分不开。

席梦思取自美国商人扎尔蒙·席梦思的名字。100 多年前，当全世界的人都还在睡木板床时，席梦思先生发明了世界上第一张弹簧软床垫，从此改善了人们的睡眠条件。他用自己的名字命名品牌，席梦思成了弹簧软床垫的代表。

另外一个案例是新西兰奇异果。其实它原本就是中国的猕猴桃，新西兰本身是没有这个品种的。有统计表明，世界上 54 个猕猴桃品种中有 52 个在中国，但是它们的价格却是天差地别，新西兰猕猴桃的价格比国产猕猴的价格高很多。

为什么会这样呢？现在看来是新西兰人给了它品牌化的特征和文化意义，而且是从国家层面进行统一管理，他们推出了"ZESPRI（佳沛）"作为唯一品牌名称，成立了公司，

旗下设立行销子公司，负责新西兰奇异果在全球的销售，从研发、种植、收获、储藏、分拣、包装、运输到出口各个环节都形成了高效、完整的产业链。为了保持创新，其每年花在奇异果科研上的经费达 2.5 亿元人民币，用于改良技术、开发新品种……所有这一切都是为了形成这样的品牌认知：奇异果不是普通的猕猴桃，而是更高端、更优质的猕猴桃。

新西兰奇异果最早是由一位来自新西兰一所实验女中的女校长从中国带回新西兰的。1920 年，新西兰果农开始种植猕猴桃，到了 1950 年产量攀升，新西兰为了外销出口，先后给它起了名字叫"中国醋栗""美龙瓜"，后来发现都不合适，直到有人建议把新西兰的国鸟几维鸟（kiwi）的名字用到猕猴桃身上，叫"奇异果"（kiwi fruit）。就这样，新西兰人给来自中国的猕猴桃赋予了新西兰风格。"天上飞着神奇鸟，地上长着神秘果"，当然其销量和利润也是惊人的。目前，新西兰奇异果占全球猕猴桃市场总销量的 33%，稳居第一，产值高达 250 亿美元，其单价也在不断上涨，从 2018 年 12 月的每公斤 4.24 美元上涨到 2019 年 12 月的每公斤 8.27 美元，几乎翻了一番。而与之相比，中国的猕猴桃种植面积达 18 万公顷，比新西兰的种植面积 1.35 万公顷高很多，中国的猕猴桃产量是新西兰的 5 倍，但新西兰奇异果却牢牢占据着中国高端猕猴桃市场。试想，如果最初奇异果不叫奇异果，而叫中国猕猴桃，还会不会有今天的辉煌呢？

奇异果能够从普通的猕猴桃品类中脱颖而出，尤其是进入中国市场后还能牢牢占据高端市场，与其大胆启用新名字、创新品类密不可分，这样做的好处是很容易占据这个品类的第一名，让人们一想起这个猕猴桃就会想到奇异果。类似的案例还有文曲星电子词典、微软的 windows 系统、可口可乐、碧生源减肥茶。大家可以自己找一些案例仔细研究，看看这些开创新品类并做到该品类第一的品牌的生命周期是否更长久。

二、采用品牌延伸的优势与劣势

确实有很多新产品推出的时候采用了品牌延伸策略。什么是品牌延伸呢？简单来说就是借用原有品牌的名声来推出。

品牌延伸的案例也非常多。一种是产品线的延伸。从产品命名就可以一眼看出哪些是品牌延伸。比如牙膏品类就有：佳洁士全优 7 效抗牙菌斑牙膏、佳洁士热感美白牙膏、高露洁全面防蛀牙膏、高露洁光感白火山泥牙膏等。这种延伸是增加了不同成分、不同口味、不同规格后的产品线延伸。还有一种是跨品类的延伸，比如云南白药牙膏就是跨品类延伸了。

为什么那么多新产品在推出的时候会采用品牌延伸策略呢？最大的原因就是可以借助原有品牌的名气、降低消费者的选择风险和自身的推广成本。尤其是当原有品牌有一定知名度时更多会采用这种策略。品牌延伸是一把双刃剑，如果运用好了，是可以帮助组织打破产品甚至品类边界，获得大的发展的。但品牌延伸若想成功需要注意一个原则，就是无论是产品线延伸，还是跨品类延伸，都要与原有品牌的基因有相关性。特别是跨品类延伸，更要注意这点，贴合母品牌的调性很关键。

比如江中牌健胃消食片、江中牌猴头菇饼干，虽然是跨品类了，但它们都有"健康"的属性，与"江中"这个组织的品牌调性是相符的，所以即便还是沿用原品牌也并不突兀。反之如果脱离了母品牌的调性，大玩跨界，那可能会给组织带来毁灭性打击。

当一个品牌包含的产品跨种类特别多的时候，它在消费者心智中的印象就会模糊不清了。诺基亚若不是早期砍掉了诸多不相关的业务（包括纸业、轮胎、橡胶靴）并聚焦于手机这个品类，也不会有后来的辉煌。虽然如今的诺基亚没有追上智能手机的浪潮，但这个品牌依旧留在了消费者心中。

关于品牌延伸还是品牌开创的话题不再过多展开。对于文案人员来说你的实际工作很可能不会涉及这个层面的研究，但还是那句话，要让自己站在更高处，知道为什么而写，有意识地让自己站在战略的角度来思考问题，尽可能多地参与品牌和市场营销的各个环节，这对你的个人发展将大有裨益。

第四章
第二步：审视产品，厘清卖点这点事儿

第一节 卖点和独特卖点，别傻傻地分不清

关于卖点，每个人都能说上两句：卖点就是产品的特点，就是优势，就是消费者选择你的产品的理由。这些观点听起来看似都对，实则内在逻辑性方面有着根本性的差异。

我在网上搜寻了一番关于卖点的解释，发现许多从业者对于这个高频词汇的理解其实并不统一。大家都在按照各自的理解和语言习惯来理解这个词，经常将其与"特点""亮点""优势""利益点"等混淆使用，有人还会对这些容易混淆的词进行区分。

在此，我并不打算刻意地对这些词的意义进行阐释，不想试图从字面意思上找出什么不同，而是希望从逻辑和应用的角度，将"卖点"这个词和相关概念在本书的体系内解释清晰，从而正确地指引卖货文案的撰写。我认为重点不在于叫什么，而是知道提炼卖点这个步骤到底在做什

么和怎么做。

其实,之所以大家对卖点这个概念的表述不一,我认为很大一部分原因是人们是站在不同的视角下进行解说的。关于卖点,营销学之父菲利普·科特勒在《营销管理》一书中已经对其下了定义:**与竞品相比的差异化优势**。这里面有3个关键词:竞品、差异、优势。从定义来看,这里的卖点显然是被放在**竞争**这个视角下的。

但我们必须要清楚一点,从卖点的本意来说,并非优于竞争对手的才属于卖点,而是满足交易对象需求的就是卖点,这个是必要条件。不管你的产品是卖给个人还是卖给公司,只要是满足对方需求的点就称为卖点,也叫购买理由。而之所以要打造基于对手的差异化优势,是因为在商品极大丰富的今天,满足同一类需求的商品会大量出现,你必须具有独特的、强有力的优势,而且这个优势还必须和竞品相比有区别,才能让目标受众对你的产品和品牌产生偏好。

所以我们要在广告中传播的卖点,一定是基于消费者视角的,而且是包含利益的,是给消费者的购买理由。但在这之前,在我们评估、确定挑选哪个卖点作为传播卖点的时候,需要建立3个视角:自身(产品和品牌)、竞争(和竞品之间比较)、用户(为实际使用者带来的利益)。而定义所说的与竞品相比的差异化优势,应该称作独特卖点(也就是USP),是指你的品牌所独有的或你基于竞争而创造的区隔。除此以外，还要有利益点，就是产品卖点对应的消费者利益，但通常来说，我们强调的是独特的差异化卖点转化为向消费者传达的语言后，给消费者带来的实际利益是什么。

如图4-1所示，当纯粹站在自身角度说卖点的时候，这时候的卖点等同于自身能满足消费者的需求或欲望的所有特性，通常是基本属性。它既包括品类的共同点，也包括差异点。比如你买一瓶矿泉水，解渴、干净、简便的包装、随时可以喝等就属于产品本身的基本特点，这些特点可以说同类产品都具备。

图4-1　卖点的不同角度

那对矿泉水来说什么是独特卖点呢？其实这就回到了上一章我们谈到的品牌定位的动作上去了。注意，独特卖点可以基于产品的物质功能属性，也可以基于品牌的情感、价值观属性。这些要结合品牌定位进行综合分析。正所谓世界上没有两片相同的叶子，所以也不存在相同的品牌。

即便是高度同质化的行业,也可以通过包装、情感诉求、服务、仓储等多环节实现差异化。比如农夫山泉强调"我们不生产水,我们只是大自然的搬运工";依云矿泉水则是"源自法国阿尔卑斯山"。独特卖点可以被用来做品牌定位,也可以是具体产品的卖点或者一则广告的核心广告语。大家不要只把它局限于产品的功能点。

消费者的利益点呢?如果说前面的卖点和独特卖点都是基于产品和品牌自身来"自我陶醉"的话,那利益点则是将这些产品自身的优势转化为对消费者的好处。利益点一定是与目标消费者息息相关的,解决他们的问题,引起他们的兴趣的点。**利益点是产品本身的卖点和消费者之间的关系,也就是在一则广告中,希望带给消费者的反应点。而产品的卖点和独特卖点其实是促成这些反应的支持点。**一则完整的广告应该是支持点和利益点相结合的。当然有些品牌会直接采用消费者的利益点进行定位,比如"怕蔗糖,喝简·醇""喝了娃哈哈,吃饭就是香"都是在直接阐述消费者的利益点。

其实我们从广告作用的定义也能区分商品本身的特点(卖点)、独特卖点和利益点之间的关系。"**广告的作用就是在商品的特点与消费者的需要之间建立最佳匹配,把商品的特点'翻译'成提供给消费者的利益或好处。能否根据商品自身的特点和目标消费者的需要选择恰当的诉求点,是广告成功与否的关键。**"在上述定义中,商品的特点就是

商品的卖点，诉求点一般来说就是基于消费者的需要和竞品调查得出的独特卖点和利益点。

要强调的是，从产品研发到品牌创建再到消费者购买，一系列的动作都是以为消费者带来利益为出发点的，产品本身也是为满足需求而生的，所以千万不要觉得卖点不一定会带来利益，能给消费者带来利益才能被称为卖点。而我们这里强调的利益点，是从广告传播层面，也就是修辞表达方面来说的，要求你要将带给消费者的实实在在的好处说出来，越具体越能被感知越好。

从以上分析可以得出：卖点包含独特卖点。一个产品的卖点可以有很多，但从品牌建设和广告传播的应用层面来说，你需要为其找到一个独特的卖点。这个独特的卖点，通常是从品牌和产品本身的层面来说的品牌优势或产品特点，是区别于竞争对手的，是独有的功能、独特的主张、品牌的独特精神等。

独特卖点是审视自身和竞品后得出的，但还是商品和品牌本身的视角。

品牌利益点=商品（功能或非功能卖点）带给消费者的被感知的利益，是广告传播要重点表现的，当然重点是独特卖点带来的利益，是消费者视角。

所以通常在工作中，一说到提炼卖点，重要的是先要提炼出产品的独特卖点。(独特就是比竞争对手强和与竞争对手的不同之处,即便是市场开创者,也需要借助和原有品类对比来亮相。)

但是仅仅想到独特卖点还不够,还需要深入想一步:消费者选择你的品牌最终要达到什么目的呢?比如你的洗发水的主打功能是去屑,那消费者因此得到的利益点是什么?是"干净得令人忍不住靠近",是"让人更添美丽自信"。所以我们提炼卖点的时候,其实可以从三个层次依次提炼。

基础层。满足什么需求和欲望,更多基于产品,对应产品本身的特点。

竞争层。区别于竞争对手的差异点,对应独特卖点。

利益层。基于强烈的竞争差异化,带给消费者的利益点。

虽然卖货文案的目的是销售产品,但我们在提炼卖点的时候依然是从品牌去切入的,因为市场的竞争并非产品之间的竞争,而是品牌之间的竞争。你的产品再好,消费者记住的也是你的品牌。所以从一开始就贯彻品牌的概念,就能有助于你从整体上看问题。没有一个产品不想成为伟大品牌,我们做事情要养成以终为始的思考习惯。

品牌定位首先是建立参照系,确定品类成员,目的是找出与本品牌竞争的产品,这样能更方便地去对比与竞品相比的区别并确立本品牌的切入点,从而更快地占领消费者的心智。图4-2所指的利益点也叫品牌利益点，是广告文案中想要传达的该品牌能带给消费者最直接的好处是什么。

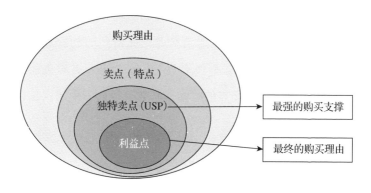

图4-2 购买理由分层

独特卖点还分为有形层和无形层。这对应的是消费者的物质和精神需求。通常来说，想打造一个强势品牌是需要两手都要抓、两手都要硬的。有形层就是可以看得见、摸得着、感受得到的层面：功能、口感、包装，还可以延伸到衍生服务承诺、配送、售后等方面，你的差异化可以从这个层面切入；无形层就是从品牌非功能的维度切入，在情感价值观层面，代表品牌独有的精神诉求、价值主张，差异化也可以在这个层面进行打造。一个品牌既可以强调基于有形层的差异化，也可以强调无形层带给消费者的心理感受和价值观引导、形象暗示等方面的差异，至于在广告传播中选择哪种，要视当前的品牌定位、产品所处生命周期以及你当前所做广告的目的是什么。**初次进入市场的品牌和已经取得一定市场占有率的品牌策略肯定是不同的**,说个极端点的例子,你为阿玛尼旗下的某款产品写广告和为一个刚创建的品牌的产品写广告策略肯定是不同的。

从图4-2可见,当我们提炼了一个独特卖点后,还需要再针对这个独特卖点把它转化成消费者能直接感知的利益点。这个利益点也可分为有形层和无形层。比如洗衣粉强调"强效去渍"是独特卖点,"洁净更省心"就是利益点。而对于习惯以情感和形象来作为竞争优势的大品牌,也会传递利益点,比如某大牌旗下的某款香水,以"娇媚性感"作为其产品的独特卖点,以"令人忘情沉醉,能增加女性魅力"作为利益点。所以说,如果是针对终端的广告,是需要同时体现独特卖点和利益点的。

在这里再多补充几点,作为强化认知。

第一,**USP是框架**。虽然从字面上来理解USP是独特的销售主张的意思,但从上面的分析可以看出,它也是品牌的定位支撑点。当一个品牌旗下涵盖更多子品牌和丰富的产品线时,就要有专门的品牌USP和旗下产品的USP了。越往底层表达得越具体。USP放在广告中应该是利益点的证据。比如,USP的定位是"独特的胎面花纹设计",然后给消费者传达的利益点是"更加安全"。

另外,因为USP最初诞生的时候是基于产品的功能的,但随着同质化产品的增多,功能性的USP比较难以寻找,又出现了 ESP（Emotional Selling Proposition）概念，就是情感的、个性化的 USP。但我认为如果把 USP 看作一个框架，当作一个工具，那么用哪个名字不重要，最重要的是知道它的内涵。

第二，品牌的联想是多方面的。虽然差异化很重要，但其实品牌营销是一个完整的系统工程。为什么说产品的卖点、独特卖点、利益点共同构成购买理由呢？因为消费者可能基于一个独特的特质记住你的产品，但如果你的产品在其他方面很糟糕，比如你的品牌形象很负面，这些都会影响消费者的最终选择。

为什么卖点最终需要转化为利益点呢？因为消费者要的不是品类，不是产品和功能，而是最后的体验，即通过产品获得的好处。这种好处不只局限于功能层面，还包括心理层面。而且，这种实在的利益需要你在广告传播中大声说出来，然后不断强化、重复，帮助消费者建立认知。

第二节　别着急动笔，跳出卖点的小圈再看看

上一节我们介绍了产品卖点的含义，在通常的语境中，提炼产品卖点，就是提炼产品的独特差异点，并且还给出了提炼卖点的三个层次：基础层、竞争层、利益层，步骤、规则和对品牌进行定位很相似。当然我们这里说的定位都是基于产品已经研发出来了，从营销层面的重新定位。

拿到一款产品，首先确定它的基础层。从提炼卖点的角度来说，这一步就是要你把产品所有的功能和特点都罗列出来。但是，如果你此刻的思路是顺着"罗列产品功能""罗列产品特点"而开展的话，你接下来的动作就会很自然地"全身心盯着这一款产品"，从设计、工艺、功能、原材料等角度全方位挖掘它的优势。

比如你要为一个防晒伞品牌提炼产品卖点，既然第一步要提炼基础层卖点，很多人想到的第一件事就是把产品的功能和特点全罗列一遍，比如能防晒、颜色好看、小巧、方便等。这样做没错，而且也属于一种常规思路。但是我还是希望你再慢一点，先别急着从产品功能层面去"拆解"它。前面我一直强调的写卖货文案的第一步是确定品类，这不仅表现在研发产品、创建品牌阶段，对于广告传播阶段也是适用的。

卖货文案是从品牌营销、广告传播的层面来进行卖点提炼的，这和产品开发设计阶段还略有区别，因为"货"已经生产出来了，广告人只能在此基础上进行发挥。但很显然，正如前面介绍品类定位的时候说的，品类定位可以看成是品牌定位的前站，我管它叫基础定位。**放到卖点提炼来看的话，就是在提炼基础层卖点之前，还是可以先进行品类识别。**

在提炼卖点这个环节中，品类识别的主要目的是确定消费者的购买动机。所谓购买动机，就是关于购买的基本动因、态度、需求、期望,动机能解决品类区隔,告诉我们"这是哪一类购买"。消费者是根据自身不同的需求来选择不同产品的。比如想减肥,才会去选择减肥产品;想旅行,才会去找旅行社。

针对已经生产出来的产品进行"品类识别",就是审视产品自身属性、产品的包装以及相关竞品,给产品找到一个位置。而这个"位置"可以通过给产品赋予一个"别称"来体现,比如"小黑瓶""小钢炮儿"等,赋予产品一个全新的名称。

注意,创造品类区隔并非盲目乱起名称、凭空造"概念"。产品概念其实应该是在产品研发阶段去完成的,当"生米已经煮成熟饭"后,如果品牌方对自己的产品没有更深刻的理解,那就需要营销人去对它进行恰当的包装。

例如,一把防晒伞已经完整呈现在你面前,没有改变的机会了,它原本的属性已经确定,包装上也都印好了"××防晒伞"。你首先需要确定的是一个问题:××防晒伞能不能从普通的防晒伞里跳出来,比如叫"降温防晒伞"?这里面有一个技巧,你可以去各大电商平台看这个产品的相关类目,看看竞品都被分在哪个类目下;然后看同类产品都在用什么样的产品名称,注意一定要看产品在大类目下具体的产品描述名称。还拿防晒伞举例,防晒伞已经是个大品类,许多品牌会在此基础上更进一步细分:小黑伞、超轻迷你、胶囊便携防晒……这是一种用产品特性来细分品类的技巧。就是把产品的特性和消费者熟悉的品类连在一起，制造一种假象：这是一种新产品。

所以，面对一个似乎已经定型的产品，在进行第一步的功能卖点盘点之前，你依然需要进行品类识别。一是看看该产品归属哪个品类，二是看看是否能进行品类创新，而这种创新主要通过给产品起"别名"来体现。其实在洞察产品名称的同时，也是在洞察市场机会。例如，你很可能发现大家都在用防晒、超轻这样的词，但就是没有人用"降温伞"。如果你把产品定义为防晒伞，放到防晒这个类别中去，在提炼卖点时你只能说你这个产品是在防晒基础上降低体感温度。大胆设想一下，能不能直接说是"降温伞"呢？

不难看出，如果能更早一点介入产品开发设计的工作，营销部和产品部门积极沟通，给予意见，就可以为后续的品牌定位、广告传播工作带来极大便利。毕竟，产品是品牌的基础，如果产品从出生就自带爆品基因、自带传播点，那品牌传播将事半功倍。

当针对品类折腾一番以后，发现在品类层面也确实不适合"耍什么花招"的情况下，就可以开始对产品进行全面"解剖"了，也就是进行卖点大盘点。首先还是先对自身有一个全面了解，知道自身的核心优势和劣势。但这一步不是目的，更关键的是下一步，来到竞争层。

这时候产品本身的属性是确定的了，这一步就要找出产品的与众不同之处,要么基于产品本身突出的优势满足消费者的功能需求,要么基于品牌突出的人格化魅力满足消费者的心理情感需求。只要是能对消费者有益的都可以先列出来,然后用排除法。因为独特卖点是要区别于竞争对手的,所以你既要结合现实也要参照市场上同类产品的定位,找出一个空白位置。**比如王老吉的基础定位是"凉茶饮料"**,然后它的营销顾问团队通过市场调查发现消费者之所以买它是因为"天气炎热,怕上火,先喝点凉茶可以预防上火",所以王老吉最初的品牌定位就是"预防上火的饮料",而"怕上火喝王老吉"则是基于这些定位推导出的针对消费者的利益点。

所以说,我们平时在撰写广告语的时候,通常要包括两个层面(基础层和竞争层)的品牌定位点,至少要包含竞争层。而且,广告语不能只把定位表现出来,而是要把基于这个定位带来的消费者利益表达出来。比如"性价比高"是品牌定位,那么"用50%的价格购买100%的品质"的广告语才是利益。比如在汽车领域,沃尔沃主打"安全"的定位,但它的广告通常不会直接说"安全",而是用各种创意来表现它。简单来说,品牌的定位点是我们所说的"概念",或者是广告表现的策略点,许多广告文案往往会直接将提炼好的概念差异点当作核心广告文案,却没有更进一步提炼消费者的利益点。

也许你会疑惑,怎么一会儿强调产品卖点,一会儿又讲品牌定位，到底是怎么回事儿？大家可以这样理解，品牌定位可以是卖点，但卖点不一定能上升成为品牌定位。品牌定位是一个更大范畴、更有包容性的"大卖点"。

一个品牌在一定时期只能有一个清晰、独特而且有价值、有力量的定位，虽然一个品牌旗下可以有数款产品，每款产品都可以有自己独特的卖点，但它们都应该受到品牌定位的约束。**比如奔驰的定位是"高性能和地位的象征"，那么它旗下的车型首先要符合这个定位，然后再挖掘各自的卖点。品牌定位是具有统领作用的，当一个品牌旗下只有一款产品时，这时品牌的定位也等同于是卖点。**

当一个品牌与越来越多的产品联系起来形成产品家族时，那么该品牌的含义和定位就愈发抽象了。但是，这些产品一定是在品牌属性范围之内的，都是受品牌定位统领的，否则就会失败。所以说品牌定位包含卖点也是对的。

品牌定位的根本是在消费者心智中树立一个"有价值的位置"。根据里斯和特劳特在《22条商规》中提到的，这个独特的价值就是"一词占据大脑"。这个词就是我们说的品牌的广告语。当单个品牌横跨多个品类的时候，这个起到统领作用的词也被称作品牌箴言。其实它就相当于一个大统率的作用，是旗下所有产品的精神领导，指导该品牌该推出哪些产品。

品牌定位既要兼顾眼前还要着眼于未来，因为品牌要成长，比如品牌延伸。而本书实际是聚焦于品牌下的某一具体实物产品或服务的。从品牌的维度来切入是因为这样做会有助于大家有一个全局观,你可以了解你要推广的这款产品处于该品牌的什么位置,该品牌是否已经有了明确定位,还是说这是一款没有品牌认知基础的产品,你的工作是否涉及从零开始创建一个品牌的目标。广告文案只是品牌工作的执行层面。在撰写文案之前,要思考的东西很多,所以我们还是需要回到品牌定位上来。

为什么在实际工作中,通常接到一个文案任务的时候都是从一个具体产品开始的,我们听到最多的也是提炼产品卖点,而不是品牌定位。一方面是因为甲方本身品牌意识比较淡薄。我就接触过许多中小企业的老板,他们的思维还是销售思维,认为创建品牌是销售过程中顺带手的事儿,最重要的还是当下能把产品卖出去。所以他们更多地聚焦于产品本身的功能层面。还有一个原因是产品确实是品牌的核心资产,任何一个伟大的品牌背后一定是有一款伟大的产品的。而产品本身基于功能属性的强大差异点也是树立强势品牌定位的关键。其实所谓产品为王、爆品思维就是这个意思。这点常见于高科技领域,应用了核心科技的产品本身就有强大的差异优势。

说到这里不得不提到一个词,叫品牌联想。就是消费者对一个品牌内涵的认知和理解。品牌联想可以是产品功能性、象征性或体验性的利益,也可以是消费者对品牌的总体态度与评价。

消费者的品牌联想和促进产品销售之间是成强相关的。品牌营销的目的就是要通过不同的营销方式为品牌积累鲜明的、持久的、积极的品牌联想。而品牌联想包括两大类（见图4-3）：一种与产品和其带来的利益相关，一种与产品本身不相关，而与产品以外的因素相关。

图4-3 品牌形象来源

以产品本身特性为主的实质联想（也称直接联想），以及以产品以外的联想为主的间接联想，共同构成了一个品牌最终带给消费者的感受总和，就是品牌形象。

品牌联想的集合就是品牌形象。这里的品牌形象实际上是品牌传递的所有信息在消费者心智中的认知、态度和评价，它既包括你要传达的品牌差异化的部分，也包括和相关竞品一样共同的部分。**它既可以是对品类的认知、对产品和企业的认知、对广告风格的感知、对包装设计的看法、对质量和价格的看法等，还可以是消费者对该品牌的总体态度和评价。**注意，不要狭隘地将品牌形象理解为外在的视觉，品牌形象应该是企业和消费者共同参与完成的，是品牌定位的最终体现。所以，品牌定位的关键是在直接联想和间接联想中找出区别于其他品牌的差异点。

通过上面的分析,我已经阐明了品牌定位和产品卖点提炼的关系。总结一下就是:品牌定位点包含产品卖点,但品牌定位的维度更广;产品的功能性优势是帮助品牌实现强势定位的关键,换句话说,如果产品不行那再吹嘘品牌也只能是空中楼阁。即便是讲究身份、地位、外在形象的奢侈品牌也依然会强调产品。当产品的功能特别强大、与竞品相比更具特色、品类区分更显著、特别是带给顾客的利益更强大的时候就可以支撑起一个强势品牌的定位了。随着同品类产品中挤进来越来越多的品牌,或者随着品牌延伸,品牌定位会从功能属性向情感和价值观、个性等抽象的品牌形象维度转变。

第三节 提炼独特卖点的步骤和技巧

也许你会发现,我前面对品类和从品类层面挖掘卖点介绍的比较多,本节就来重点剖析一下,当品类已经明确的情况下,品牌如何从其他层面挖掘产品卖点。

什么叫品类已经明确呢?有三种情况。第一种情况是这个品牌已经有一定知名度、有一定市场占有率,然后它又推出新产品了。但是这个产品是属于品牌产品线的延伸。虽然我们前面一直说品牌要想成功最好是开创一个全新品类,但不等于某个新产品就一定是新品牌。超市里各种品牌的酸奶、牛奶、牙膏、饮料等消费品，隔一段时间就会推出不同系列、不同口味、不同规格、不同包装的"新产品"，目的是为了丰富产品线，就是这个意思。

当然，还有第二种情况的品牌延伸就是跨品类。前文专门分析过"采用品牌延伸的优势与劣势"。这种情况下其实要看新产品到底是不是市场的开创者。如果是，那新品类就是最大的卖点。如果不是，只是说品牌进入了别的领域，去和别人抢占市场，这时候除了产品本身的特点以外，相比没有母品牌背书的竞品来说，其实"母品牌"也是强有力的卖点。比如修正药业旗下有丰富的产品线，修正药妆、修正保健品等，这时候品牌就是给消费者吃的最大的定心丸，因为品牌代表可以信赖。

第三种情况是，没有母品牌光环加持的产品，同时还是市场的跟随者，看到某一市场还有红利，也想进去。很多中小企业其实是这种情况。比如看到别人卖馒头，我也卖馒头；别人开了一家川菜馆，我也要开一家。只不过各自的品牌是不一样的，各自的产品、服务、价格可能都略有不同，这种情况就要重新梳理一下自己的优势，并和竞品进行对比，然后找到一个合理的定位。

其实说起来，要不要在广告中将品类属性或特性当作卖点，其实取决于产品推出的方式和品牌所处的地位。如果是产品线延伸的新产品，而且只是新口味、新包装、某种新工艺改良，那么就无须强调品类特性了，因为已经建立了"品牌=品类"的认知了。这时候就直接将"品牌名+产品新特性"当作卖点即可,比如麦当劳推出新汉堡,康师傅推出新口味的方便面。如果是知名品牌跨品类延伸的产品,比如江中猴头菇饼干、修正药业的修正粮草系列酒和修正粮方系列酒,这种情况下即使有母品牌作为背书,你还是需要从新品类的属性和特性层面去挖掘差异点。首先是挖掘"猴头菇饼干""粮草系列""粮方系列"的卖点,然后才是它的分支产品的卖点。

为了方便大家从整体上了解提炼独特卖点的思路,下面列举了三个步骤,这三个步骤适合品牌全阶段。换言之,就是从 0 到 1 给品牌定位、提炼独特卖点的过程,而且步骤顺序是依照品牌成长的过程依次推进的。比如对于一个从零开始创建的品牌,那么第一步就是品类定位,卖点也对应品类卖点。以此类推,随着品牌的成长,不同阶段的产品提炼卖点时切入点也不同。所以你拿到产品,需要分析品牌所处市场的情况,然后决定该从哪里切入。

第一步,品类定位。

拿到一款产品,首先确定品类。这是品牌定位的第一步,当然也是提炼产品独特卖点的第一步。这样做主要为了达到一个目的:品牌识别。什么叫品牌识别呢?简单来说是你得首先让消费者知道你是做什么的。拿饮料行业举例,信息进入消费者脑海中的路径可能是:**饮料—果汁饮料—柠檬果汁饮料—××牌柠檬果汁饮料**。所以这一步定位越精准,品牌的识别度就会越高。

在这一步,对于新品牌来说,抢先开创一个与竞品相区隔的品类是最佳选择,这样做的好处前面已经介绍过了,就是抢先占据品类第一,直接站在差异化的最高点,顺势推出产品的独特优势也就很容易了。关于品类定位的方法已经介绍过了,回顾一下:**一是跳出来,二是扎进去,三是原地占坑儿。**

通过上述三种方法,达到品牌识别的目的,确定了自己在与谁竞争,这对针对性地打造差异化至关重要。(当然,起名字、设计LOGO这些也是需要的,只是在第一步重要的是要确立品类联想)我建议,无论你要推广的品牌是新品牌还是原有品牌的延伸,你都可以按照从零开始创建品牌的思路来推导一遍,这样有利于你在脑海中建立框架。

第二步,卖点分类。

通过前面的分析,明确了品类身份,现在到了拆解眼前这款具体产品的时候了。卖点分类就是把眼前的产品先拆分为三个层次:第一层,品类层;第二层,品牌层;第三层,产品层。这与前面介绍的卖点的三个层次:基础层、竞争层和利益层其实并不矛盾。产品的三个层次是帮助我们确认眼前这款产品在整个品牌中的位置。因为我们实际工作中接触到的产品并不全都是单品牌的单产品,很可能是某个知名品牌旗下的产品。所以在拿到一款产品时,在具体拆解产品卖点的时候，还需要再多加一个步骤，就是看看这款产品的"身份角色"，看它在当前产品家族中占据一个什么位置。

下面我们以 RIO 鸡尾酒为例进行分析，这里不涉及品牌定位是否准确的判断，仅用于分析卖点的提炼方法。

如表 4-1 所示，从纵向思考顺序来说，先品类再品牌最后具体到产品型号；而从横向提炼来说，则是重点提取差异化。

表 4-1 RIO 鸡尾酒卖点的分层提炼对照表

品牌/产品	共同点	差异点（优先）
1. 品类卖点	酒、预调酒等可能联想	预调鸡尾酒（新概念）
2. 品牌卖点	和英国、日本的预调鸡尾酒带来的品牌联想相似	预调鸡尾酒的进一步阐述："洋酒+多种果汁混合"的小酒、包装设计的独特性等；代表年轻人的酒
3. 产品卖点	与品牌相同	不同系列、不同口味特性和更细分的人群、场景等

差异化也分层次。先是品类层面，然后是品牌层面，再次是具体到系列产品（子品牌）层面。作为某个品类的开创者，且是初次进入市场，这时候的卖点结构为："品类特性+品牌特性"，目的是建立"品类=品牌"的联想。

作为开创者，最好也从两个方面建立品牌联想：与产品相关和与产品无直接关系。当 RIO 作为新品牌进入市场的时候，可以重点强调预调鸡尾酒这个品类的特性和品牌的理念、特定形象。比如来自百度百科的关于 RIO 鸡尾酒的卖点描述：

缤纷口感：RIO 预调鸡尾酒现已成功推出 6 种口味的瓶装产品，以及 3 种口味的罐装产品。根据消费者对口味的不同偏好，RIO 始终倾心调配，既有口感清爽的淡雅滋味，也有醇厚悠长的曼妙回甘，总有一款让人心仪。

全球选材：选材地道优质的酒基，才能成就不凡的口感，RIO 的酒基有选自法国的干邑白兰地、精选的俄罗斯上等伏特加，以及采自波多黎各和古巴的清爽朗姆。

健康考量：饮酒的欢乐与健康的理念并不矛盾，RIO 汇聚世界各地的优质水果，清纯甜美的白桃、香气浓郁的西柚、酸爽清新的柠檬，采用鲜榨冷冻技术提纯果汁。

时尚感触：或清香、或甘醇的优雅滋味，或清澈、或浓郁的高贵气质，洋酒与果汁的黄金配比混搭。

以上这些描述其实是针对"品类＋品牌"的结构进行提炼的。随着品牌的成熟，当品牌在品类中占据垄断地位后（比如市场占有率 60%），再推出新产品的时候，提炼卖点则可以遵循：**系列（子品牌）特性＋产品细分特性**。

图 4-4　RIO 微醺广告截图一

图 4-5　RIO 微醺广告截图二

图 4-6　RIO 微醺广告截图三

图 4-7　RIO 微醺广告截图四

图 4-4 和图 4-5 是 RIO 微醺系列的平面广告，而图 4-6 图 4-7 则是不同口味产品的广告文案。无论是邓伦代言还是周冬雨代言，都是为了打造该系列的品牌形象，强化该系列的品牌联想。所以如果你接到一个 RIO 微醺系列的文案需求，你的思考顺序是：首先在品类上，依然是预调鸡尾酒，所以可以不在这一层进行考虑。从品牌上，是 RIO 的一个新系列，它的下面还有具体分支产品，所以可以把这个微醺系列理解成一个子品牌，既然是"品牌"那也需要有个定位。所以你的工作应该包括对微醺系列的卖点提炼，或者说为这个系列找一个合适的定位，然后才是在这个定位的基础上对不同口味的微醺系列鸡尾酒进行详细描写。这个时候，你的工作重心是围绕"微醺"这个系列展开一系列的文案创意，对口味的描写反倒是其次，因为定位点或者说差异点在"微醺"和它代表的"一个人的小酒"。

如果有一天 RIO 推出了一款传统红酒，这时候从品类层来说，已经跳出了原有的 RIO 预调鸡尾酒的品类属性。所以你提炼卖点的切入点就要从"红酒"品类层开始，看看它是否代表了一个更与众不同的红酒品类，或者是否代表红酒品类的新特性。作为跨品类延伸的 RIO 品牌，这时候就只能当背书了。

第三步，卖点提炼。

还要重复一遍：卖点提炼的重点是差异性。我们前面提到创建成功的品牌不仅需要品牌的差异点，同时最好建立品类的共同点。比如赛百味，它采用双重定位：健康、美味三明治，就是兼顾了品类的共同点"美味"和差异点"健康三明治"。但是鉴于本书的重点不在于全面的品牌打造，所以我们还是将重点放在差异化的卖点提炼上。一般来说，差异化是促成消费者选择品牌的重要理由。营销的目的是让消费者感受到某个品牌的独特，并且信服该品牌卓尔不群，帮助消费者建立良好的品牌联想，带来强烈的购买偏好。

通过第二步的卖点分类，确定了从哪个层面切入提炼卖点，其实这个切入点也和推广目标相关。比如为康师傅老坛酸菜面提炼卖点和为康师傅方便面品牌提炼卖点，切入点肯定是不同的。当确定好从哪一层面切入了，接下来就是针对这个层面的卖点挖掘了。

这一步我们针对的是跳过品类阶段，进入品牌阶段，而且还是作为进入红海市场中的品牌该如何提炼差异化卖点。比如你推出一款矿泉水，你无法把它定义成"新型功能水"，因为从属性来说，它就属于普通矿泉水；再比如华为、小米、OPPO旗下的新系列手机需要提炼卖点，这时候如何找到差异化的切入点呢？

我将其归纳为两个层次。

两个层次其实就是物质层次和精神层次。一个产品被设计制造出来，无非是解决消费者的物质和精神需求。物质层次就是产品本身满足需求和欲望的能力，精神层次则是从感性层面，触动人心底的情感共鸣、价值承诺、正向积极的引导。这两个层次和我们前面提到的有形竞争层和无形竞争层、品牌的直接联想和间接联想类似。

1．物质层次（有形）

试想如果你对自己的产品进行了前所未有的创新，比如你研发出一种治疗肿瘤的新药，实验室和临床都验证了100%治愈肿瘤。那你根本不需要费劲地提炼卖点了，报道一下产品推出的消息全世界就轰动了。类似的情况就像苹果手机刚出现一样，人们都"爱疯了"。但是这样的情况毕竟是少数，市场上普遍的情况是同质化产品越来越多，你应用了一项新技术，其他企业很快就会模仿，这个时候如何寻找差异化呢？以下是几个找产品自身卖点的角度。

（1）产品功能。

功能是一个产品带给消费者的最直接的利益，对于功能突出的产品而言，从这个角度提炼卖点是再好不过了。而且要坚持在一则广告中一定要找出一个最强的亮点作为独特卖点。一来产品功能多就像一个药品宣传包治百病一样，一听就很让人怀疑。二来在广告中宣传太多的卖点消费者也记不住。总之，当你想以产品功能作为主要卖点进行宣传时，一则广告中要围绕一个概念点来展开，有特色才会被记住。

（2）原料。

这个好理解。比如伊利牛奶：大草原好牛奶，依云矿泉水：来自阿尔卑斯山脉的矿泉水。

（3）工艺。

比如你的产品在技术和工艺上有什么创新，生产过程有什么特色，都可以作为卖点。比如乐百氏强调"27层净化"，农夫山泉强调"我们不生产水，我们只是大自然的搬运工"，港荣蒸蛋糕强调"蛋糕还是蒸的好"，都是从生产工艺的角度来找差异化。

（4）产品包装设计。

比如以江小白为代表的许多品牌开始在包装上用起了表达瓶，还有许多服装的风格：极简风、复古风等都属于包装设计范畴的卖点。

（5）感受（体验）。

适用于能够带给消费者直接体验的行业。比如电影片、游乐场、旅游景区和能带来直接感受的领域，"五岳归来不看山"、"桂林山水甲天下"、海底捞的"变态服务"。其实感受就是我们说的用户体验，如果从做产品的角度检验一个产品是好是坏，就是看它带给用户的体验。这种体验不局限于产品本身的物理功能，也不局限于精神层面，而是虚实结合的，是"物理价值+用户心理价值"纠缠在一起的蒙太奇般的用户体验。

(6)价格。

其实定价策略会直接影响消费者对品牌的印象和关于"奢侈""高端""高性价比""廉价"等品牌联想。但除非价格特别有优势,通常我们不会拿价格作为单独特色到广告中去说。

2. 精神层次(无形)

随着同质化产品越来越多,当很难在产品的物理属性上挖掘卖点时,许多营销人就会转向情感精神层面进行卖点挖掘,就是在工作中常说的做品牌广告、写品牌文案。其实我认为这种说法不严谨。因为从物质层次入手和从精神层次入手都是在打造品牌,只不过有些品牌是基于强势的产品功能联想创建的,有些是基于产品的历史、与消费者的心灵沟通、价值观传达去创建的,而且大多数强势品牌是物质和精神两手抓的。不过从建立品牌的最高目标来说,产生宗教信仰般的依赖肯定是品牌的追求,所以从这个角度来说,我们说精神层次的诉求是品牌文案的特色也无可厚非。

总而言之,精神层次的诉求是与消费者的情感、心灵去沟通的方式,也就是说从建立感性的品牌形象的角度来切入。按照市场营销学家菲利普·科特勒对大众消费行为的分级,精神层次属于大众消费行为的第三阶段。

第一阶段:量的消费阶段。对应的是产品短缺,人们追求量的满足。

第二阶段：质的消费阶段。对应的是产品数量丰富，人们开始追求同类产品中高质量的产品。

第三阶段：感性消费阶段。也就是同行业、同品类的产品太多，质量、功能都相差无几，这时消费者的选择倾向于更能体现自己个性和价值取向的产品。

既然是感性消费阶段，就要了解人性，从精神层次提炼出一个可以直击人性、触动消费者感性神经、促成快速交易的"差异点"。这点和单纯的品牌形象输出动机不一样。为了让消费者下单，我们要"晓之以理，动之以情"，精神层次的卖点就是要"动之以情"。就是给你的产品一个心理附加值，使得消费者选择你的品牌可以获得情感上的满足和自我形象的彰显。如果这点运用得当，找得准确，那么你的品牌在消费者心目中的价值要远远高于产品本身的价值。

依照消费者"动情"的程度，我把精神层次的提炼分为几个阶段：

第一阶段：纯情感沟通。

第二阶段：价值引导。

第三阶段：信仰。

精神层次包含历史、情怀、理念、价值观等。比如，滴露洗衣液的"呵护全家健康"、好丽友的"知心的朋友，离不开的朋友"、人头马XO的"人头马一开，好事自然来",以及那句"钻石恒久远,一颗永流传"都属于精神层次的诉求。

严格来说,价值承诺也可以归为精神层次,但把它单独提出来是因为价值承诺通常更适合于比较成熟的品牌。比如超能洗衣液强调"超能女人用超能"就是强调价值层面的品牌认同。

以上是找卖点的方法,找到卖点后接下来就是对卖点进行筛选,找出最具有差异化、最有"杀伤力"的卖点并把它包装成 USP。

关于 USP 有一个口诀:

我有你没有,通常指产品应用了某种创新技术或功能性突出。

我说你没说,指某些局部的工艺或包装设计等微小的创新或竞品没有关注的角度。

换种方式说,指同样的事情用极具创造性的手法表现出来。

关于提炼卖点,尤其是找到 USP,还有几点需要注意:世界上没有相同的两片叶子,产品也是如此。同样的产品,不同的人的认知不同,从不同的角度看待的意义也不同,不同个性的人的取舍也可能不同。可以说,只要是不同的品牌,就赋予了产品不一样的基因。作为营销人,要学会从各个层面引导出不同,使产品获得不同类型人的青睐。

但是"不同"要基于事实，不能仅凭臆想就胡乱编造。作为营销专业人士你必须要警惕的是不能"为了不同而不同"。企业经营的成果是在外部的，但终极战场是消费者的心智。这就注定了任何的动作都是为了赢得消费者的。所以，产品好或不好、普通还是独特都要获得消费者的认可才有用。怎么才能获得消费者的认可？要么与他们相关，满足他们的直接需求，要么感动他们。而从长期效益考虑，感动是锦上添花的，它不能脱离了实际价值。两者都做到让消费者满意才可能确保消费者愿意长期买单。

说这些是想给品牌营销者和文案写手们提个醒，独特卖点是企业赢得竞争的重要策略，但要始终记得与消费者沟通的时候，他们不会管你的策略是什么，你的差异化一定要与他们的利益相关，是他们需要的、竞争对手无法提供的或者做得不够好的。独特卖点是竞争的策略，是传播的策略，但不是最终的目的。目的是让消费者买单，认可你的品牌。

作为一名第三方文案写手，当你无法左右一个产品的属性和品牌定位的时候，当你实在无法从产品既定的特性挖掘独特卖点的时候，你要跳出来，想想自己的最终目的。产品只能提供有限的价值，但品牌却能满足无限的精神需求。所以可以挖掘一下品牌的其他方面：公益的活动、创始人的心路历程、研发产品的初衷，当然也不要忘记加上自己的真情实感。你不仅是帮助品牌方推销产品，你也同时是一名消费者，你拿到这个产品，最初的感受是什么，记录下来吧！

第四节　产品优先还是品牌优先

这个问题在前面章节的阐述中应该已经给出答案了。这里单独把它拎出来是作为补充资料，从多个角度分析一下产品和品牌的关系。

首先，从企业战略层面来看，开创新品类是品牌定位的首选。这个新品类的开创直接牵涉的是企业用什么产品去占领目标市场。当你的产品以开创者姿态进入市场且还站稳脚跟成为第一的时候，则意味着创造了需求、引领了一种生活方式。比如微软推出了 Windows，代替了 DOS，尽管 DOS 比 Windows 技术性能好，价格还便宜，但它没有 Windows 的图形界面友好，所以还是很快就被淘汰了，用户对于方便、易于上手的 Windows 的使用需求也被源源不断地激发出来。这个时候，可以说一提到 Windows 就等于微软这个品牌。

对于本身没能力做创新的企业，进入一个同质化的市场，别人卖鸡蛋，你也卖鸡蛋，产品本身的物理层面的属性无法提炼出差异化的优势，这时候想实现创建一个伟大品牌的目标，就需要通过包装、标识或者赋予其特殊意义来使其具有独特价值，这就是从品牌层面进行切入了。

其次，从流程上来看，产品是具有生命周期的。即便是具有创新性的新产品进入市场，随着时间的流逝，也会慢慢衰落，这时是否创建了良好的品牌区隔，打造了积极的品牌形象，形成品牌忠诚度就至关重要了。这时候品牌所处的阶段就是产品的成年期或老年期。

最后从实际的应用层面来看，产品是为了创造或满足一定市场需求而产生的。而品牌的诞生说到底是基于竞争的，是为了帮助消费者区分品类中不同品牌之间的差异的。所以品牌定位才强调要从消费者的心智来切入。我们平时之所以会谈论品牌，是因为我们已经处于物质极大丰富、很多显性的需求都能很方便地被满足的时代，但是更深层次的精神和自我价值表达的需求需要一个附着物。所以我们直接从产品研发之初就让品牌的作用贯穿其中也是不为过的。这时候品牌战略就不再停留在广告传播层面了，而是上升到企业战略层面了。

第五章
第三步：锁定用户，精准攻心

第一节　深入理解用户需求

终于到了讨论用户需求的时候。卖货文案的底层逻辑就是了解产品和了解用户，然后用语言的催化剂将产品和用户（消费者）联系在一起。前面已经讨论了如何了解产品，本节开始我们谈谈了解用户的问题。了解用户有两个工作：一个是了解用户需求，另一个是给用户画像。首先来详细谈谈用户需求。

一、需求的作用

需求是营销的起点。洞察需求、满足需求也是营销的本质。德鲁克说，企业最重要的两件事是创新和营销。而无论是创新还是营销，都和需求有着千丝万缕的联系。前面我们讨论的市场定位、品类定位、产品定位、品牌定位也都指向一个关键词——用户需求。虽然乔布斯说，平庸的公司才去满足需求，伟大的公司是创造并引导客户需求的。但对于大多数公司来说，想要占有市场、想把产品卖出去实现盈利，是绕不开对用户需求的研究的。

（1）**需求与产品创新相关**。企业想长久生存，一定需要发现新的市场机会，进行产品创新，而发现新机会很重要的一个方法就是洞察消费者的需求变化。

（2）**需求与企业营销有关**。即便不是开创新市场，在一个既定的市场中，营销也是通过满足别人的需求来达到自己的目的的。营销是立足于市场，服务于商业，然后围绕需求展开的。其核心是获得用户、留存用户、转化用户来达到建立品牌忠诚度、促进企业发展的目的。这时候对需求洞察的深与浅就直接影响一系列营销动作的展开。

（3）**需求与广告文案相关**。广告文案也是营销活动的一部分。广告对一般消费行为的影响是多方面的，其中重要的作用就包括激发购买需求和唤醒潜在需求。比如你本来不饿，但广告上天天能看到某个品牌新推出的蛋糕，天天都在说它多么好吃、多么诱人，大人孩子见了都流口水。在这种诱惑下，你多半也会有想要尝一尝的冲动，这就是广告刺激了你的需求。还有一种情况是，人们的某些需求是自己也没意识到的，即潜在需求。比如很多女性应该都有这样的体验，当我们去逛商场时，有时候并没有明确一定要购买什么，或者只是比较模糊，比如想买一件衣服，至于是裙子还是衬衫不一定。这时候某家商店的打折促销广告、模特们风情万种的演绎加上品牌的精神洗脑就会让你情不自禁地做出选择——买买买！可见，广告是可以引导消费者需求的。

二、什么是需求

那究竟什么是需求，需求又从哪里来呢？做营销和做产品的人会经常把"需求"这个词挂在嘴边，每个人似乎都觉得它是不言而喻的一个词，就像我们说"水""火""风"一样。但真要谈论起需求的概念，我发现还真没法用一两句话说清楚。

首先，谈需求需要明确主体——对于大众消费品市场而言，营销所针对的对象，主体当然是消费者。而且卖货文案的目的也是把产品推销给需要的人。所以，我们研究的是作为消费者的个人或群体的需求。

其次，谈需求要回到它的应用场景。虽然现在我们谈需求多是在开发产品、品牌营销、广告文案中去谈，但其实需求这个词最早被广泛应用是在经济学中。稍有经济学常识的朋友可能就会听过"需求—供给关系"这样的专业概念。关于需求，经济学中是这样描述的："需求是指在一定的时期，在每个价格水平下，消费者**愿意**并且**能够购买**的商品数量。需求可以分为单个需求和市场需求。单个需求：指单个消费者对某种商品的需求。市场需求：指消费者全体对某种商品需求的总和。"

既然研究问题要去深挖问题背后的底层逻辑，那我们可以顺着经济学对需求的定义来剖析一下需求背后包含的几个重要因素。

愿意——有购买的想法，而这个想法就是心理学上的"动机"。 当然，这个动机一定是指向一个具体的实体产品或服务的。而动机之所以会产生，是源于人的生理或心理上的一种需要。或者说，动机的背后是需要。

有购买能力——包括能够买到（市场上有）和有钱买得起。 这点可以理解为有了目标物，还要有能力担负得起。比如一个人只有200元钱，但他想住五星级宾馆。对于营销者来说，这就不是一个值得去满足的需求。

时间——需求是有一定时间范围的，即用户的需求是随时间而变化的。

通过以上分析，可以看出需求这个概念本身是存在分层的，包括：需要——动机——需求。或者也可以分为：需要——欲望——需求。其中，需要是人的天性中存在的基本部分，很难改变，也很难人为创造。比如不吃饭会饿，不喝水会渴，而在温饱解决后，人都希望自己过得体面，受人尊重，这是一个人作为自然人和社会人共同拥有的天性。当这种需要受到外界环境的影响，有了目标物就形成了欲望（动机），然后加上一定的购买能力就形成了需求。

如果按照经济学的定义来看，需求对应的是一种商品的购买数量。可是我们在日常应用中常常会说，这个客户的需求是"减肥",那个客户的需求是"祛痘",而不会说这个客户的需求是"一包减肥茶",那个客户的需求是"一支祛痘膏"。显然前者更符合日常对需求的表达。所以我认为大家不要纠结于经济学中的定义,因为语言的概念也是会随着时代发展不断演变的。在真实的应用场景中,我们所说的需求,既包括"动机",也包括"需要"。即便明确指向了某一个具体商品,现在的语境中也不是单指购买的数量了。所以,如果非要定义需求,我们可以这样描绘:**需求是人们对有能力购买,并且还愿意购买的某种具体商品或服务的欲望。**

从实际的应用来看,我们常会用"需求"代替"动机(欲望)",或者用"需求"直接描述"需要"。

"需求"经常和"需要"混淆。这两者的关系绝不是文字表面的区别,而是更有深意。

"需要"的英文是 need,"需求"的英文词是 demand,在这中间还有一个词:want(想要或欲望)。马斯洛需求层次理论的英文是"Maslow's hierarchy of needs",可见翻译成"马斯洛需要层次理论"更合适。我饿了需要吃东西是"需要",想去吃米其林三星是"想要",可舍不得,于是在家门口吃了碗拉面。但是如果哪天有人愿意请我,我肯定欣然前去。**可见,需要是原始动力,它催生了欲望和动机。**

需要就是一种缺乏感,是生理和心理上的缺乏状态。

虽然它与生俱来不容易创造，却容易被唤起。比如广告刺激。你本来开着一辆普通汽车用于代步，觉得挺好，但广告天天说成功人士应该开什么车，性能多么好，开着多有面子，有一天你可能就会有想换车的欲望了。广告唤醒了你的潜在需要（更有面子）并且还有了一个目标物，就构成了**欲望，形成购买动机**，然后一旦条件成熟你真去买了就形成了真正的**需求**。需要按起源分可分为自然需要和社会需要（心理需要）；按需要的对象属性分，可分为物质需要和精神需要。

人类的一切活动是以需要为基础的，换句话说，是因为有着"需要"这个原始的动力驱使，才促使人们对各种各样的商品有选择的需求。一个基本的"饿"的需要，可以有多种方式去满足，因为市场上有多种多样的食品（目标）去解决人们"饿"的问题。不同环境中不同的用户可以有多种选择方式去满足自己，有人会吃米饭，有人会吃面包，对于减肥人群可能更想吃点饱腹低脂的食品。所以，需求是可以被引导的。正因为如此，才给企业和商家创造了无数的机会。

通过以上分析，我们可以把需求进行拆解：首先是源于缺乏（生理＋心理的），而且这种缺乏也是可以被唤起的（除了自身本能的因素，还受社会环境的影响）。但仅仅有缺乏是构不成需求的，还必须有目标物，形成欲望或动机。**如何才能锁定一个目标物？这个受个体学习、认知和环境**

(比如广告)的影响。有了动机,在条件成熟、有消费能力的时候就会形成购买需求。(注意,经济学中需求的概念强调这个能力受价格影响,但实际上不仅是价格,比如能否很方便地买得到也会对需求形成有影响)

至此,我认为可以得到一个启示:虽然产品人和营销人都在讨论满足用户需求,但其实"需求"不应该仅仅是被满足的,而应该是去引导和发现的。大家不要只盯着眼前的需求,因为需求背后是有一个深层次的欲望动机和需要在驱动的。营销人要擅于往下深挖,深入洞察,最关键是找到消费行为背后的动机(欲望)。

三、洞察需求,先明确目的

通过剖析需求的概念,似乎可以得出一个推论:有时候即便消费者花钱去买一件东西,这件东西也可能并不是他真正想要的东西,而只是在条件不具备的情况下退而求其次的选择。比如,我渴了,是一种需要。想要喝可乐解渴(形成了动机),但因为手里的钱不够只能买一瓶矿泉水,这时候我到超市对老板说,我要一瓶矿泉水(真正表现的需求)。但其实,我真正想买的是可乐。

可见,需求的背后还有更底层的东西,如果我们研究需求只盯着形成购买行为这个"需求"本身,一味地满足消费者显而易见、明确表示的需求,那很可能会造成一种假象，或者面临没什么需求可挖掘的境地。尤其当你所处的行业、品类挤满了竞品的时候，因为无法挖掘更深的需求，大家都停留在表面上，最后就只能拼价格了。

要谈洞察需求，我认为首先要明确洞察需求这件事到底是为了什么。菲利普·科特勒告诉我们，"**优秀的企业满足需求，杰出的企业创造市场，营销就是满足和创造客户价值的全过程。**"从这句话中我们可以反推洞察需求的作用其实包括两个方面：一方面是为了创新，也就是创造市场，创造客户；另一方面是为了迎合市场，满足客户需求，**涉及如何找到产品和客户需要之间的匹配，然后把产品持续地卖给他**。

洞察需求，一边关系到企业发现什么机会，研发什么产品或创造什么新价值去抢占新市场；一边也关系着如何为现有产品找到市场客户，如何通过营销活动把它卖出去。我们可以顺着这两个目的来深入理解需求并寻找洞察之法。

先说创新。创新即创造需求、引爆流行。这点和常说的挖掘用户需求、满足用户需求不太一样。还记得在前面谈品类创新的时候我预留了一个问题吗？即消费者需求从哪里来，是消费者自己提出的，还是要营销者、创业者去发现并引导呢？这个问题在这里可以进行解答了。**需求并不一定来自消费者自己的诉说，也不一定是基于消费者模糊的需要去创造的**。这一点科技公司最有发言权。因为科技是第一生产力，是可以引领需求的。电灯、电话、飞机、智能手机,每一次科技创新都能带来大的变革,带来人们生活方式的改变。所以乔布斯说,平庸的公司去满足需求,伟大的公司是创造并引导客户需求的。和苹果持有相同策略的还有索尼,其产品策略是"用新产品引导市场,而不是询问客户需要哪一种产品……"

但是要特别提示一点,并非一提到创新就一定是基于新科技、新产品的应用。斯坦福大学的谢德荪教授在他的著作《源创新》中指出:"创新可分为两类,一类是科学创新,另一类是商业创新……对于一个国家、地区和企业来说,创新的真正意义不在于新科技、新产品或新服务,而在于创造新价值。"简单来说,科技也是以人为本,也是要为人和社会服务的,否则就只能是专利,没有价值。

触发新价值产生的,除了新科技,还可以是一种新理念。企业可以基于对消费者的深刻洞察进行创新,进而创造需求。谢德荪教授把这种创新叫"源创新"。我认为这就是**"模式创新"**,对于大部分国内中小企业来说,其实并不陌生。而且,就连苹果公司也是这种创新的典型代表。

大多数人都以为iPhone是智能手机,这是以产品为中心的思维。其实它还像一部电脑,第一次将真正的电脑操作系统装进手机里,可游戏、可社交、可听音乐、可处理商务文件。它是以满足用户生活需要为中心的。它的技术不全是独家的,触控滚轮、多触点触摸技术其实早就在用。苹果成功的关键不仅仅是刚刚提到的将电脑操作系统装进手机，还在于它始终以良好的用户体验为中心，让人们方便、简单地处理邮件、听音乐、看视频、浏览网页等。引用乔布斯自己的话说："并不是每个人都需要种植自己的粮食，也不是每个人都需要做自己穿的衣服……我们一直在使用别人的成果。使用人类已有的经验和知识来进行发明创造是一件了不起的事情。"**其实，这种思路就是信息革命时代企业应该参考的：核心科技当然应该有，但却并非唯一的创新之源。对于中小企业来说，从自身的核心能力出发，了解生态链上成员的欲望和能力，然后将别人的科技及产品进行组合创新，推广一种新的理念，从而创造价值，是非常实用的方法。这就需要对用户十分了解。**

关于创新、寻找新机会的话题，其实有些超出我们广告文案发挥作用的边界了。这更关系着企业的战略布局，以及产品或商业模式的开发。但显然，创新离不开对需求的探究。因为需求和供给之间的落差就是企业的机会。除非是天才和预言家，对于一般企业来说，科技创新想转化成生产力，是需要有市场基础的。这个基础就是乔布斯所说的，"用户需要但表达不出来的"。注意，一定是需要的！如何确保是有需要的？人性固有的东西是永恒的基础。除此以外，从伟大的产品引领需求的观点来看，不是通过询问用户是否需要，而是从行业和大环境的变化中去寻找答案。具体操作并非我们这本书的范畴，所以这里只是简单提一下，这一步至少是企业 CEO 要做的事。需要登高远瞩，一方面从行业史的演进中发现规律，另一方面从经济、社会、人的心理变化层面找到机会。

对于创新来讲，洞察需求是为了定义需求然后开拓新市场。定义需求就是通过对消费者采取一系列洞察方法（调研、大数据等）来帮助企业明确目标用户心目中真正设想的产品的功能、样式、服务模式等究竟是什么样子的。因为一般的用户是不能明确描述出他想要的产品的。

除了创新引领需求、开拓新市场，企业洞察需求的目的还有第二个，那就是如何满足用户，增强当前市场的竞争优势，即如何通过洞察需求把产品卖出去。这步做好了，有助于发现产品和服务改进的空间，然后通过不断优化、迭代来促进企业发展。其实这也算是创新的一种，只是相比科技或模式的颠覆创新来说，属于看深、看透用户，循序改进的方法。

第二节　如何精准洞察需求

如图 5-1 所示，洞察需求对应两个视角：一是开发新市场的视角，涉及产品创新或模式创新，也就是帮助企业拓展新的机会；二是针对现有市场的开拓，把既有产品卖出去。不同的目的，涉及的方法不太一样。

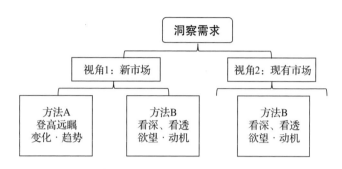

图 5-1　洞察需求的两个视角和对应的方法

单就广告文案来讲,其实我们洞察用户需求是从销售和营销的角度来帮助产品扩大现有市场占有率。大家一定要记住,广告是不能为一个人们本身不需要、不渴望拥有的产品塑造奇迹的。了解用户的需要和期待,从广告层面上讲是为了找到最能打动用户的诉求点,这个点恰恰是用户最需要的,同时也是产品能提供的。通过对用户需求的洞察,更能发现用户的潜在需求,企业可以据此提供更多增值服务,进而开拓新业务。所以,通过看深、看透用户来洞察需求,不仅有助于现有产品的销售,还有助于发现潜在的市场空间。

不过消费者的需求是经常会变的,了解需求是企业的日常功课。如何更好地深挖用户需求呢?虽然说猜测人心是一件很难的事儿,但并非意味着就没办法可循。具体来说,洞察需求可以从以下几个方面开展。

一、传统的调研方式

尽管调研是常常被提及的方法,但大家不要觉得一说到洞察需求就想着去做调研。因为这确实是一个笨办法。

调研包括定性研究(访谈、观察、资料研究等方式,对资料进行归纳研究,然后提出推理假设,期望洞察用户行为习惯、动机、偏好这些主观的看法)和定量研究(常见的就是大规模问卷调查,是对定性研究的验证,希望了解具体该如何做)。

对于我国这样一个人口基数庞大的国家来说,要想调研成果具有说服力,样本数量是非常庞大的,不是一般企业能承受的。更何况,不专业的调研成果没有什么价值,只能验证你预设的结果。你卖婴儿奶粉,你真的需要组织上百万位妈妈,询问她们想要什么样的奶粉吗?安全、品质高、价格合理、购买方便的奶粉难道不是所有妈妈的诉求吗?这里并不是说调研不重要,而是对调研报告的权威性要可控。传统调研依赖样本数量,样本量越大,结果越可信。除此以外还要找到合适的目标人群,设计合理的问题。最关键的是,最好企业有专门的人员亲自到市场一线去观察用户行为,置身于用户的场景中去感受他购买产品的过程。

对于中小企业和写广告文案的人来说,当你没有条件组织大规模调研、没有办法去亲自接触那么多用户的时候，在初始阶段可以找一些更便捷的方式帮你了解用户需求。

二、借用现成的数据

品牌和用户沟通的渠道越来越扁平化。评价中的抱怨、售后中反馈的问题、电商平台中同类产品的广告和用户评价，这都是现成的了解用户需求和了解竞品的方式。建立自己品牌和用户沟通的渠道，增加互动，让用户随时表达需求，都是很直接的了解需求的方式。

三、换位思考

如果说前面两项是让用户自己表达需求，那么换位思考则是营销者去主动发现需求。因为很多时候，用户自身也是难以完全表达出需求的。按照需求能否被明确表达，需求可以分为表面需求和潜在需求。

通常来说，表面需求是同一个行业中的竞品都在满足的需求，了解起来不难，却也不能体现出自己品牌的价值。潜在需求才是营销者真正要深入洞察的。

什么是潜在需求？一方面是购买行为背后的真实动机。比如我要买洗漱用品，因为我要出差。这时候产品除了要满足基本的洗漱功能，还要易携带，这就是购买背后的真实动机。如果是针对差旅人群推荐产品，无论是产品研发还是广告传播都要从用户的差旅场景出发寻找卖点：小巧包装，不易洒落，上飞机、坐火车都能携带，然后才是基本的洗漱功能。

还有一方面的潜在需求，是用户自身确实表达不出来和不愿表达的。表达不出来一般是因为对新科技的懵懂、对新事物缺乏认知，当你的产品是行业开创者的时候，就需要帮助用户建立认知。不愿表达则是与心理有关。比如用户买车时，除了关注安全性和性能，还会关注品牌本身代表的身份象征、品牌的精神内涵。用户可能不会明说，但这点却会成为影响其购买的因素之一。

无须表达是用户认为没必要说。产品升级换代，用户约定俗成地认为肯定是新一代更比旧一代功能好，新产品的功能一定要覆盖原有产品的功能。比如手机，没有人会说我想买一部能打电话、发短信的智能手机。

四、用户任务

换位思考最重要的是让我们树立用户思维，站在对方的角度去思考问题，需要我们深入用户的使用场景。那么，如何深入用户的使用场景去发现需求呢？有一个好用的工具叫作"用户任务"。"用户任务"源于克里斯坦森教授的《与运气竞争》一书，其定义是：回到用户场景，重新定义用户需求，帮助用户完成他要完成的任务。其目的是摆脱产品思维，不把产品当成功能集合，而是把产品当作帮助用户完成任务的帮手。

既然产品是帮助用户完成任务的，那么思考的要素就是：他在什么场景下要做什么事？他的目的是什么？有什么期待？我的产品如何帮助他出色地完成任务？期间会遇到哪些困难？我的产品能解决这些困难吗？用户任务的视角可以分为基本任务、是否出色完成任务、有什么惊喜或阻碍。

借助用户任务的视角，我们可以把需求向下深挖。这样，不但有助于我们找到用户真实的购买动机，从而更游刃有余地将产品的亮点推荐给他，还有助于发现新的创新机会。通过用户任务，我们可以从产品思维的框架里跳出来，不局限于产品现有功能。

个人认为，用户任务的视角和著名的 KANO 模型能很好地契合。该模型将用户需求重点分为基本需求、期待需求和兴奋需求，我们在深挖需求的时候可以结合起来。

1. 基本需求

基本需求对应产品和服务必须要有的属性和功能。比如买剃须刀，能把胡子刮干净是基本需求。从用户任务的视角来说，对应的是用户任务的基本任务：完成剃须的动作。

2. 期待需求

期待需求不是必须要满足的，但却是用户想要的。这也是产生竞争的层面。因为同类产品都可以满足基本需求，而期待需求是用户自己可能都表达不清楚的。一个产品或服务能给用户提供的期待需求越多，用户就会越满意。比如买剃须刀，用户可能期待什么呢？这涉及用户任务的第二个阶段，即是否出色完成任务。比如不会刮伤、过程非常舒服，或者声音非常小从而对他人没影响等就是用户期待的。

至于如何洞察期待需求，一方面可以基于竞争视角，看看其他同类产品是如何做的，然后找到未被竞争对手满足的或者未被提及的需求，看看自己的产品是否可以满足。这也是品牌定位时的一个重要方法。另一方面，就是前面我们提及的方法，换位思考或者基于调研的方式去发掘，看看能否发现更深的购买动机。除此之外，就是拆解用户的购买目的和使用场景，看看不同购买目的和使用场景下可能隐藏的真实动机。比如，可能购买剃须刀的目的是送人，使用场景是外出旅行，你的产品是否在这方面满足需求？总之需要找到用户最期待的、特别是能带来惊喜的那个需求去满足，而且还要区别于竞争对手，或者比竞争对手做得更好。

3. 兴奋需求

虽然说期待需求是潜在需求之一，不过随着竞争加剧，期待需求往往会成为商家展开较量的主阵地。再深入扩展，还有兴奋需求。兴奋需求对应的是完全出乎意料的惊喜，如果没有这些惊喜，并不会减分，但如果有了这些惊喜，就会加分。比如购买剃须刀，送面部护理服务；买健康酒，送视频医生服务，可随时连线三甲医院医生做咨询，这些就是很出乎意料的服务。

如果说惊喜是锦上添花，那么另一种带来兴奋的则是在一些细节方面的洞察，这些洞察帮助一部分人解决了一些困扰，虽然不是主流需求，但当用户需要的时候能被满足。放在用户任务的全过程上，可以对应用户在完成任务时可能遇到的阻碍。比如有些手机，具有双系统模式，可以输入不同的密码进入不同界面，这对于很重视隐私的人士来说简直是福音。

第三节 挖痛点，探痒点，给爽点、找到购买真相

痛点这个词的高频使用程度一点也不亚于需求。因为痛点是需求的一部分，是最迫切的那部分需求，即所说的刚需。除此之外还有痒点和爽点，这两者都不是必需的，但却是可以让人心驰神往、欲罢不能、获得满足的需求。为什么人们要发明这些词呢？这涉及一个本质的问题，研究需求也好，打造品牌也好，最终的目的都是为了让消费者购买产品。

需求的背后是动机，消费行为最核心的问题也是购买

动机。前面提到的挖掘需求的方法帮助我们了解到消费者都可能存在哪些需求。但如何使消费者愿意购买你的产品呢？从广告层面来说，就是要找到那个能说动消费者愿意采取行动的点。这个点可以基于痛点、痒点或爽点。

顾名思义，痛点就是没有得到满足就会痛苦的需求。从现有的行业来说，医疗和教育是更多采取痛点策略的。不吃这个药，病就好不了，不上大学就没学历，不好找工作，都是很直观、很容易理解的。为什么多数行业都喜欢说痛点呢？因为找到痛点并给出解决方案，可以让消费者快速产生购买行动。痛点不仅是已经存在的还未被满足的需求，还包括虽然被满足了但这个过程让人很不舒服的点。**痛点是切入市场最好的点，是解决问题用的。**谁能率先去解决这个问题，就会率先占据消费者的心智。

痒点就是让人心生期待，满足虚荣、幻想的需求。驱动它的是人们无穷无尽的欲望。既有物质的也有精神的，但归根结底是精神层面的欲望在驱动。有衣服穿，还想穿得更好看，需要不断买衣服；有房子住，还想住得更宽敞，所以要换房子；羡慕别人每年旅行，所以自己也要去旅行。看似是物质的需求，实则是精神、心理层面欲望的驱使……所以痒点是比痛点更宽泛的需求。

爽点就是需求当下如果被满足了就会感觉非常好。比如我们用视频软件看电视剧，前面的广告总是很烦人，这时候就会萌生关掉广告的想法，恰好提醒你充值会员的链接跳出来就很容易促使我们采取行动。所以爽点应该是需求在被满足的过程中产生的，让人瞬间得到更好的体验。

> 有需求，并且被即时满足，就是爽点

痛点、痒点、爽点是平级的关系，都可以用来指导产品开发和品牌营销。并非只有痛点才能激发购买。对于营销型文案来讲，这三点都是文案能促使消费者采取购买行动的诱因。对于大多数行业的产品来说，我们当然希望找到核心痛点去解决，但当痛点不足的时候，也要借助痒点和爽点，所谓晓之以理，动之以情，并"勾搭"上瘾。

关于这三个点的运用，需要注意：

（1）这三个点和卖点是不同的。这三个点可以作为产品设计的出发点，也可以作为卖货文案的诱惑点，但却不一定能成为产品直接的卖点。产品是满足这三点需求的解决方案。好的产品可能会同时满足人的痛点、痒点和爽点，或者在某一个点上做到足够强。但卖点在不同的时间段甚至针对不同的人群都是不相同的。

（2）运用痛点、痒点和爽点时需要结合场景。同样是喝茶，人在很渴的时候喝茶是解决痛点，而在朋友聚会的时候喝茶是沟通交流的方式。

（3）除了场景，要想利用好这三点，还不能忽视情绪对购买行为的影响。在写文案的时候，情绪的作用可以贯穿始终。让消费者先进入场景，然后让其受到情绪的感染，不断提示并刺激其需求（欲望），最后再给出解决方案。

如何判断哪些是痛点？

既然痛点是最佳的市场切入点，那如何寻找和判断痛点呢？首先，这并不容易。痛点是基于需求的，找痛点首先是找需求，然后从存在的未被满足的需求中再去找那个最迫切的广泛需求。运用前面洞察需求的方法，找到需求，然后基于痛点的定义，看看是否满足"不满足很痛苦"或者"感到受到阻碍"。这种情绪越强烈越有可能是痛点。

当然，所有企业都希望自己的产品是解决行业痛点的产品，但问题是竞争那么激烈，每个品类都有太多产品，同质化很严重，所以除非你是第一个解决痛点并有很强的竞争壁垒（垄断资源、独家专利、规模效应等）的企业，一般后来者就不能只是基于已知的痛点了。作为后来者可以深入洞察，比如借用用户任务的视角去延展发现新的没有被满足的需求，并充分利用痒点和爽点的组合拳来打造产品和指导品牌营销。

另外，当你不能判断消费者的哪个需求最迫切时，可以先在小范围进行试验。将你的产品能带来的利益讲透，然后直接收费，看看消费者是否愿意付费。

基于强烈痛点研发设计的产品是自带爆点的，我们写营销文案也更容易，这样的产品只需找到痛点，然后描述痛苦的场景，最后给出解决方案即可。针对本身就很普通的产品，就需要营销人不断深挖，找找看似普通的产品是否有哪些不曾被重视、没被发掘的"优点"或背后感人的故事。毕竟，好的产品是物质和精神的双重载体，消费者购买的未必是功能本身，甚至不是产品本身，而是一种虚实结合，物理价值和心理价值相融合的蒙太奇般的体验。

第四节　给用户画像，让文案诉求更精准

从产品设计、洞察需求、品牌营销到广告文案，所有这一切行为都围绕着一个对象：目标用户。前面说需求的时候，其中一个重要维度是看深、看透，其中所指的对象当然是目标用户。

用户画像，其实从字面意思理解就是你的产品是谁来买，这个人是男是女，长什么样，喜欢什么，他为什么要来买你的产品。用户画像这个理念是交互设计之父阿兰·库珀提出的，他认为用户画像是真实用户的虚拟代表，是建立在一系列真实数据之上的目标用户的模型。

给用户画像，意思就是生动地描述这些目标用户的特点。我们需要根据用户的社会属性、生活习惯、消费习惯等抽象出来一个具体的人，就是给这个用户贴个标签，这

个标签越具体，你的营销活动和文案写起来才越有针对性。在大数据时代，打标签的方式更容易。在这个时代，我们每个人都是商家眼中的标签，也都在为大数据的处理做着贡献。

一、给用户画像分两步走

在给产品或品牌定位的时候，我们会根据经验和直觉先初步划定一个细分市场和目标用户的范围，然后结合调研方法去找到一个细分的目标群体。在确定了这一目标群体之后，我们需要为他们做用户画像，更深入地了解目标群体的心理和行为模式，并将其具象化：他长什么样，在生活中是什么状态，他更深层的需求是什么，哪些需求是迫切的，他的兴趣爱好、生活习惯、内心感受有哪些是和产品相关的，等等。

为什么要具体到一个鲜活的人呢？当然也是为了更好地洞察需求和把握需求。虽说有时候需求并非从用户那洞察来的，很可能是企业基于大的科技创新引领来的，但即便是引领需求的创新型产品，想要在市场持续畅销，也是需要深入洞察用户的。

从产品研发和品牌营销的角度来说，研究一群人可能只能洞察到他们的共性需求、表面需求，而研究一个人就可以深入洞察他的心理需求。洞察用户，主要就是洞察用户的心理需求，因为心理层面的东西往往对购买行为有着更深刻的影响，可以更好地指引产品改进和品牌营销的策略调整。

心理因素从以下几个方面影响购买

动机
个性
感知
学习
价值观和态度
生活方式

另外，单从广告文案的角度来说，当用户是一个具体的人时，他的生活形态和态度更能被文案人员把握。文案人员就像是和一个鲜活的人面对面交谈。因为这个人很鲜活，可以在生活中对号入座，你便能知道如何吸引他的注意，从而找到适合的角度以及措辞和他沟通产品、品牌的信息。文案也可以采取聊天的方式，从而减少广告味，进而触碰到他的内心,唤起他的需求,强化他的需求,让他有"你真懂我的需求"的感觉。

大家可以比较一下,针对目标群体和目标个体的描述有什么不同。

以下是对福特汽车目标群体的描述:

现代人,25~40岁的男性,城市居民,专业人员,白领阶层和企业家。

这个目标群体有这样的特点:

- 相信通过辛勤工作和不断努力可以达到提高生活水平的目标。
- 对生活的前景充满信心,不断追求发展、提高和突破。
- 为了奋斗目标不怕风险。
- 充满自信,追求高品质的生活,是力争上游正在走向成功的人。
- 在工作和社会的各个领域不断开拓,积极尝试,无时无刻不在提升自我。
- 洞察生活周围乃至社会中已经发生和正在发生的事情。
- 追求个人的成功和成就感。
- 不断争取更好的生活质量,在生活中寻求更多激情和乐趣,认为生活中应当有片刻的享乐,以享受成功的果实。

- 乐观地对待未来，以积极的态度看待事物，从不消极悲观。

汽车品牌对他们而言已经超越了"实用"的功能，更代表一种经验、一种态度、一种精神，是通往精彩生活的"绿卡"。

以下是对福特汽目标个体的描述：

刘杰今年33岁，毕业于一所医科大学。上大学时，他就不是只啃书本，而是广泛阅读了从企业管理到自助旅游的许多课外书籍。他不欣赏叛逆，但对那些循规蹈矩、一成不变的事情深恶痛绝。毕业时，他没有选择去当医生，而是去了一家制药企业做销售工作。他还出过国，当过导游。

经过几年的奋斗，尝试了不同工作的刘杰，现在经营着一家十来个人的民营教育企业。他的目标是更上一层楼。因为他相信自己拥有对国内市场独特的见解。

……

他注重潮流，把和朋友聚会、聊天都视为获得新信息、扩大眼界的方式。他觉得现在的工作很累，不只是体力上的消耗（因为经常加班到深夜），更有对自己脑力、胆识和判断力的挑战。

刘杰在大学时代就拿到了驾驶执照，偶尔租车或借朋友的车去玩。他一直没有买车,因为他希望拥有一辆真正属于自己的车——符合自己的个性、能与之共鸣的爱车,而不单纯为了代步。车让刘杰感到"自由",他更喜欢自己开车时那种事随人性、人车一体的感觉,那是一种驾驭感、成功感的体现。走过了一段奋斗创业的路,刘杰希望车是自我实现的标志。他是那种宁缺毋滥的人,没有自己钟爱的车,宁可不要……

通过对比两种不同的目标用户的描述方式,我们可以发现,给用户画像可以分两步走:第一步是找到目标群体,这些人对你的产品是有需求或可能有需求的,也是具备一定购买力的。这一步需要回答,你的产品解决了这些人的什么共性问题。

第二步是寻找一个他们当中更具代表性的人,把他从人群中找出来,让他作为代表发声说话。这一步可以帮你了解你的产品是如何具体解决他的问题的,这样做对于文案人员来说,可以让你的文案更有细节、更真实,直戳人心。

当你面对一个全新的项目,或者一个非常重要的提案时,对目标用户的描述可以同时从目标群体和目标个体两个方面进行。

目标群体描述:

养生人群: 25~60岁,女性偏多,热爱工作,也非常注重健康,注重生活品质、讲究饮食、有良好的生活习惯，热爱中医养生。

目标个体画像：

主力用户代表： 80后女白领，公司中层，工作繁忙，经常加班，已婚已育，不怕工作和生活的累，就怕生病去医院，因为没时间，所以对养生方法和饮食搭配特别看重。

其他用户代表： 55岁阿姨，已经退休，年轻时在医院工作，一直很忙，现在终于退休了，开始享受生活。对生活品质和健康养生特别看重，因为本身就懂医学，所以属于很理性的人，对健康产品的品质、品牌、成分和营养等科学指标更关注。

注意，为用户画像，一定是建立在真实用户数据之上的。这个虚拟的人是基于调研和已有数据结合来确定的，不能仅凭主观臆测。另外，当你的产品确实面向不止一个消费群体的时候，那么划分一个消费群体，就要从这个群里找出几个典型的用户，给他一个名字、照片、职业、兴趣、爱好、生活习惯等。而我们的广告文案和相关的营销活动针对不同的用户画像采取的广告诉求、媒介、活动形式都是不尽相同的。

二、用户画像的不同使用意义

对于产品团队来说： 更关注用户怎么使用产品、为什么使用、使用的目的、面临的挑战和使用场景等。

对于市场团队来说：更关注用户怎么想、价值观是什么、该如何设计广告主题、从什么角度切入才能打动他。更关注用户本身的属性是什么（职业、爱好、生活环境等）。

对于战略团队来说：更关注是否具有广泛的群体效应，商业价值是否足够大，用户最终的目标是什么，是否可以据此确定战略发展的方向。

三、选定目标用户的细分变量

既然给用户画像是建立在先划定一个目标用户群体的基础上的，那么如何确定这个用户群体将直接影响用户画像的精准程度。

细分目标客户，最大的难点其实在于细分变量的选择。通常，当我们一提到细分市场或细分客户的时候，许多人首先想到的就是性别、年龄、地域、职业等人口统计学因素。但其实随着科技发展和消费行为的越发复杂，许多人口统计标准已经无法测定用户的行动了。**在现在的市场环境下，研究用户最重要的变量已经是用户的行为和心理层面了。**

选定目标用户的细分变量，大致可以从以下几个方面入手：

1. 人口统计细分

- 年龄。
- 性别。

- 收入。
- 职业。
- 宗教。
- 教育程度。

……

注意，并非填的信息越全越有效。在实际应用中要进行取舍，一定要选择与自己的业务场景最相关的人群细分指标。

2. 行为特征细分

找出潜在用户和长期用户，对这两种用户应该采用不同的传播手段。可以从使用 App 的活跃度、品牌的忠诚度、支付偏好、是否愿意为内容付费、是否愿意成为会员等行为特征来进行区分。

3. 心理动机细分

我认为，对于广告文案来说，洞察消费者心理才是最难的，也是最有挑战的。因为广告文案自始至终都是在对人说话，是希望用广告语言去影响消费者做出改变，所以对人心理的剖析可以说是一项长期的、艰辛的也很有趣的工作。想要了解消费者心理，可以从以下 3 个层面来切入。

（1）社会阶层。

社会是分阶层的，不管你是否愿意承认。所谓物以类聚，人以群分，体现在阶层上就是，同一阶层的人会有更相近的价值观。比如有钱人更愿意花钱买时间，普遍不会因为价钱便宜一点而去选择更费力地完成一件事情。比如都是同龄人，家庭情况相似，那么在选择商品上也会有相似性。

(2) 生活方式。

世上没有两个完全相同的人，即便是阶层相同如双胞胎，他们的生活方式也是千差万别的。生活方式与人的心理关系最为密切。影响生活方式的因素包括工作、爱好、购物习惯、社交活动等。

(3) 心理个性。

这是更加底层的细分了，因为更加具有针对性，可以从用户的兴趣爱好、活跃的社交媒体上洞察一二。

总结一下，其实用户画像包含的内容并不完全固定，行业和产品不同，所关注的特征也有所不同。对于写文案来说，可以重点从三个层面切入：一是用户的基本属性(是男是女、年龄范围、地域)，二是社会属性（教育程度、收入情况、职业），三是行为和心理层面（爱好、消费习惯、活跃场景、对品牌和产品的偏好）。

值得注意的是，用户画像并非维度越多越有效，我们选择分析维度的时候要结合业务的实际场景，比如对买服装和买房子的用户进行画像，分析维度所占的权重是不一样的。

第六章
第四步：信任第一，建立背书打消顾虑才能听你说

第一节　品牌背书，快速赢取信任

回顾一下，卖货文案的底层逻辑是"3问+1画"。到目前为止已经讨论了两个问题：1问是什么，确定品类；2问有什么不同，提炼核心卖点。也通过对需求的深入洞察，明确了用户的画像。现在还剩下一个问题没解决，"如何证明"，也就是如何让顾客信任。

一、为什么是信任而非其他

打造了好的产品，也能切实满足消费者的需求，其就一定会购买你的产品吗？未必。除非你的产品是独一无二的，或者性能特别突出，否则面对那么多可以满足需求的产品，消费者凭什么选择你呢？人们对陌生的事物都会恐惧和怀疑，其本质是缺乏安全感。马斯洛的需要层次理论也表明，当基本的生理需要得到满足后，就会产生对安全

感满足的需要。而安全感，是建立在信任之上的。

董明珠说过："推荐好东西，不要低三下四，能成交就成交，不能成交就下一个。你若信我，三言两语就能成交，你若不信，我就是把整个华夏五千年文明给你讲一遍，你也会说，我考虑考虑。"可见成交的一个重要基础是信任。可以说，在产品过剩的时代，信任有时候比产品本身更重要。所谓信任，中国人喜欢叫"关系"。所以中国人做生意都喜欢一起喝茶、吃饭，先交个朋友，其实就是在建立信任。

也许有人会说，我把广告搞得炫酷一点，把营销活动做得精彩一些，把促销力度搞得大一些，不也能促进购买吗？为什么要费力地建立信任？如果你做的是一锤子买卖，追求短期效益，或许这些手段会看到效果，但如果想形成品牌忠诚度，产生复购，那肯定要与消费者建立长久的信任关系。

从消费者的购买行为来看，产生需要形成购买动机后，还要经过获取信息、挑选可供选择的商品、选择、购买的过程。 可见，从有购买欲望到锁定商品再到购买行为的产生，期间要经过一系列的抉择过程。品牌要想提高被消费者选中的概率，就要从多个维度与消费者建立联系，但终极目的是希望消费者对品牌形成忠诚度。而忠诚度的一大基础就是信任。

从品牌建立的意义来说，建立品牌就是为了降低消费者的选择成本的，对品牌越信任，选择起来越轻松。国内外多项研究成果也表明，消费者信任（不管是 TO B 还是 TO C 的业务）是能提高购买意向的。那么，品牌该如何快速取得消费者信任呢？有一个方法，就是为品牌找背书。

二、什么是品牌背书

简单来说，就是借助第三方机构或个人来给这个品牌做证明。品牌借助这个第三方来衬托自己的质量、自己的承诺可靠，或者彰显自己的专业、权威等。我们总说"王婆卖瓜，自卖自夸"，品牌借用各种正面的"背书"也是为了打消消费者对商家"自夸"的怀疑。

那么品牌该如何借用背书呢？通常来说有以下几种方式。

1. 借用权威

具有公信力的证明，比如"国家非物质文化遗产""国家 AAAA 级景区""三甲医院专家推荐"，或者让自己的广告在中央电视台播出等，都是利用人们对权威具有天然信任这一点。

2. 大众的真实口碑

俗话说，金杯银杯不如老百姓的口碑。用户真实、积极的反馈对品牌来说是难得的资产，可以让品牌用更少的费用获得巨大成功。常见的口碑就是我们在电商平台购物后的评价、买家秀、使用心得等。除此之外还可以通过某个事件引爆传播,进而使得品牌获得更多的关注度。口碑传播之所以效果更好,一是基于第三方的客观评价更容易让消费者放下戒心,二是基于熟人的口口相传,相比于广告、促销、公关可信度要高。当然,口碑传播其实是一项可以贯穿整个品牌营销活动的事情,品牌营销活动中每一个与消费者的接触点都可以是口碑的源点。你的广告语、你给消费者的购物体验、你的售后服务等都会有口碑产生。在我们写卖货文案时,将典型的、对品牌有积极意义的消费者评价放入文案中也是一种很常见的帮助消费者建立信任的方式。

3. 代言人

品牌尤其是大品牌请代言人是一种很常见的营销方法。企业通常会请明星、专家做代言人,但随着自媒体的兴起,拥有众多粉丝的大 V 也会成为品牌关注的对象,比如近来很火热的直播带货,品牌借助主播的人气,主播借助从品牌那里拿到的独家优惠特权,双方可以达到双赢。

4. 数据证明

手机、相机这样的科技产品的性能测评数据,可以客观地表明产品的真实性、可靠性,从而让消费者心中有数;而电商平台的快消品往往爱用销量数据来体现出产品的畅销，也是从侧面证明"我值得信赖"。

5. 品牌的承诺

比如"7天无理由退换货""假一赔三""终身免费维修""无效退款"等都是品牌给到消费者的强有力的承诺，可以降低消费者的购买风险，从而愿意主动尝试。

6. 极端试验

极端试验就是展示产品在使用场景中遇到极端条件的状况，这种极端条件是日常使用产品过程中极小概率才会遇到的，从而证明产品质量的可靠。

比如卖晾衣竿的企业，会让两个成年人趴在晾衣竿上面，就是为了证明其承重力强，再配上文案：真实拍摄，轻松承重200斤。还有我们买车试车的时候，商家为证明汽车性能良好，会试验急刹车、急转弯的操作。

以上的几个方法对于提高品牌信誉度来说其实是叠加的，因为信任不是一个单一的维度，原则上越多客观的证明越好。但在写文案的时候，需要进行筛选。看看哪些背书对品牌来说是最有价值的，做个排序。即便一个品牌具备很多背书优势，使用的时候也要分模块使用。卖货文案的写作是有节奏的，就像你去商场购物，导购员不能一上来就不管不顾地把产品的所有细枝末节的优势说给你听，这样容易引起反感，也不易被记住。如果说品牌背书是你手里的王牌的话，那什么时候该出哪张牌肯定也是有一定技巧的，而你需要做的是，把控每张王牌的出场顺序和方式，以便发挥其最大价值。

第二节　品牌形象打造

提到品牌形象你会想到什么？商标、包装、产品设计、店面陈列或是代言人形象？其实我认为，品牌形象有狭义和广义之分。按照美国品牌管理大师罗诺兹和刚特曼的定义，"品牌形象是在竞争中的一种产品或服务差异化的联想的集合"。这显然是广义的品牌形象，按照这个定义，品牌形象包含品牌所传递的所有信息，广告的风格、包装的样式、品牌代表的个性和价值等，就是你的品牌给消费者的综合印象。

虽然如此，从品牌创建的过程来看，我认为可以把品牌形象的范围适当缩小：按照品牌创建的过程，一个品牌首先需要建立广泛的品牌认知（名称、商标、包装、营销事件等），要先让品牌曝光于市场，让消费者看得到、想得起，获得一个入围优势。这其中很重要的一点就是建立品类识别，就是当消费者有某种明确需求的时候，能够让你的品牌进入他的候选列表中。消费者对你的品牌的认知度越高，你的品牌被选中的概率越大，这点就像我们说的"混个脸熟"。因为在某些低介入度的购买情景中，比如我们就是临时买包卫生纸、买个指甲刀，这时候哪怕对一个品牌有一点印象就可能促成购买。在创建了品牌认知后，我们还要不断去强化这种认知，这时候就到了重点打造品牌形象的阶段。从这个意义上来说，品牌形象其实就是更加强力的、独特的、让消费者产生某种偏好的联想。

从品牌创建的维度来看，品牌认知可以放在品牌识别这一步，就是要回答这是什么品牌，然后这个品牌有什么用途。更倾向于人们如何从现实的层面来理解一个品牌。而要想让品牌更容易被识别，更容易被记住和选择，我们还需要创建品牌形象。这关系到你的产品和服务如何满足消费者心理层面和社会层面的需求。

比如，你开一家面馆，开在路边一个简易的房子里、装修简陋或者根本没装修和开在商场里、装修豪华所给人的印象肯定不同，这种品牌形象的传递可以不通过广告而从消费者直接与品牌的接触中建立。品牌形象更像是品牌的一种无形资产，它的每一个环节都需要与品牌定位相吻合，而对于奢侈品来说，通常其品牌形象就是最大的竞争优势，也就成为品牌定位点。

其实一个品牌可以从多方面创建品牌形象的联想，其中有几个方面被认为更重要：首先就是用户形象，就是你希望你的用户是什么样的一群人，你的品牌该如何才能与这些人的气质相吻合。然后就是购买的场景，就是你希望你的品牌在什么地方呈现，在街边摊和在高档商场里出现给人的感觉定是不一样。虽然随着电商和自媒体的发展，品牌触及消费者的渠道变得越来越多样化,但并非意味着没有选择。开天猫旗舰店和淘宝店铺、在微信朋友圈卖货和在线下店铺卖货给人的感觉都会不同,从保护品牌形象的角度来看,并非哪里能出货就在哪里卖。除了购买场景,品牌的个性与价值、品牌的历史、创始人的背景和故事等都可以有利于建立积极的品牌形象。

创建品牌,就是要一手抓物质一手抓精神,品牌形象的建设更偏向于品牌的精神、心理、社会属性层面。它之所以很重要,是因为物质越发达,人们越愿意为无价的精神买单。从狭隘的品牌形象概念来看,品牌形象属于产品的外延属性,其维度更宽泛,可做文章的地方更多。

从获得消费者信赖的层面看,良好的、积极的品牌形象会在无形中增加品牌的信任感。就像一个穿着得体、举止温文尔雅、目光柔和坚定的人和一个不修边幅、目光游移不定的人,一定是前者更容易获得好感和信任。

第三节 该不该做品牌形象广告

按照上一节我们对品牌形象的理解,品牌形象更关乎外在的一面。创建这种外在形象大体也分为两种方式:一种是消费者与品牌的直接接触,另一种就是通过广告这种媒体传播方式。那么想要树立一个积极的、让消费者产生良好联想的品牌形象可以通过广告这种形式吗?或者说品牌形象广告效果大吗？这个问题和我们前面说的卖货文案和品牌文案类似。严格来说，卖货文案和品牌文案都是为了促进品牌良性发展、获得用户增长的，只不过一个是当下需要见到"销售"，一个可能更注重远期的效果。如果非要刻意区分的话，这里的品牌形象广告其实就是和品牌文案类似，更强调彰显品牌的格调、品牌的个性传达、品牌代表的某种身份等。那么问题就来了，在什么情况下你需要向消费者传达这些东西呢？对于绝大多数消费品来说，一定是在已经建立了关于品牌的广泛认知度的时候，就是消费者在脑海中已经知道了你是什么，能满足什么需求，有什么特点的时候。哪怕这种认知度还不是太深，都比完全一无所知好。如果你一上来就强调你是一个多么高端的品牌，多么有调性，那就会显得很空洞。

当然如果你很有钱，不管三七二十一，就要选一些高端的媒体高度曝光，也有可能成功。比如你的竞争对手都不在央视打广告，只有你打了。所以总结起来，品牌形象广告是否有必要做要视具体情况而定，在以下几种情况下就有必要去做。

（1）你的品牌已经很成熟了，市场占有率也很高了，你需要传达一些产品之外的形象内涵，与消费者建立更强的情感连接或者让消费者更有归属感。

（2）你的品牌已经是领导品牌，需要证明一下自己还存在。

（3）即便你的品牌还处于发展中，也可以做品牌形象广告，但这种形象一定是建立在明确定位的基础上的，不能盲目跟风。从文案写作的角度来看，成长期的广告往往涉及两种风格，一种是挖掘产品的实质层面（功能、包装、价格等），期待找到产品独特的销售主张；另一种是挖掘品牌背后的故事，通过故事情节将品牌串联其中。所以从这个层面来看，是否做品牌形象广告要看广告的目的是什么，是要当下的利润还是强化消费者对品牌的感知。

其实，对于品牌来说，都希望既能突出品牌的实质内涵也能建立起良好的品牌形象，但这取决于你的品牌自身的基因是什么。你需要考虑的是如何才能更快地切入市场。是靠产品本身的过硬实力还是靠品牌更丰富的形象内涵？如果两者都需要，哪个是重点？

第四节 文案如何助攻品牌实现口碑传播

拉扎斯菲尔德的"多极传播理论"告诉我们，**在网络时代，受众彼此间的相互影响相对于大众传媒对受众的影响来讲范围更广、传播更快**。英国的一项调查发现，在问及消费者购买产品时什么样的产品更能令他们放心购买时，超过75%的人回答"朋友推荐的产品"。

还有一个有力的论断是，"一个满意的顾客会向8个左右的人推荐该产品或服务。"更糟糕的是，"一个不满意的顾客会向20个左右的人抱怨该产品或服务。"

这就是口碑的力量。口碑就是人与人之间自发的传播，它之所以威力那么大，在于它通常发生在熟人之间，亲友、夫妻、同事、邻居等。随着互联网的普及，口碑传播的途径在不断扩大，不仅局限于熟人间，陌生人之间也会超越时间和空间交换信息。

口碑营销大师马克·休斯曾提出，最具威力的营销手法，便是"把大众与媒体一起拖下水，借由口耳相传，一传十、十传百，才能让你的品牌与产品信息传遍全世界"。

口碑传播最大的优点就是可信度高，它与广告相比具有天然的信任基础。人们在微信朋友圈、微博、电商平台等各种媒介自由地表达自己的看法，或是基于熟人的信任，或是基于专家权威，或是其他消费者更客观的视角，都会比商家自吹自擂的广告更让人愿意相信。

积极的口碑传播对企业来说就是以小博大的最佳切入点。那么，企业该如何利用好口碑传播呢？我这里给大家介绍三个原则。

这三个原则是实现口碑传播的三个基础，也是口碑传播的三个要素。

第一个原则就是你的产品和服务本身有亮点，有值得被讨论、被关注的地方。产品本身是否有创新？有哪些突出的亮点？产品的核心卖点是否值得用户乐此不疲地谈论？

第二个原则就是创造话题。在好的产品和服务的基础上,是否能创造出值得被讨论的话题,比如品牌背后有哪些令人感动的故事,公司有什么特殊的文化,品牌能否切中当下社会的焦点引发情感共鸣,总之只要是积极、有意义的话题都可以成为口碑传播的话题。

第三个原则就是控制方向。你需要对口碑传播的目标人群和传播内容做好定位,需要有一个明确方向,需要对口碑扩散的路径和方式有把控。

在社交媒体时代,文案要促成口碑有一个原则:让你的文案内容与用户产生关联,或是物质关联,或是情感关联。

物质关联,就是你的产品本身的特性给用户带来的实质利益。但这个实质利益是有条件的,并非"刚好满足"即可。当产品满足了用户需求,可能会触发购买,但却不一定会触发分享。设计传播内容时需要回答两个问题,用户为什么认可你的产品?这是基于产品和品牌的基本面去挖掘传播素材,是对卖点的提炼部分;但只有卖点却不一定会触发分享。你的产品是否大大超出用户预期呢?产品好得让他尖叫吗?比如几百元的手机却制作一流,功能不输国际大牌。如果没有这些,那用户是否会获得额外福利?作为营销人,我们无法改变产品,但额外的福利部分却是可以操作的。

比如在拼多多购物时,我们会分享购物信息给好友让其帮忙"砍价",然后好友也会因此得到"红包"。这种基于福利的文案通常会用的句式是：×××（你的昵称），你有大额红包待领取；或者"你要的××（福利信息）来了，一般人我真不告诉"，让文案更像是朋友间的信息传达，而非居高临下的告知。但是要注意，额外福利不一定是直接的优惠券，如果消费者对你的产品或品牌没有感觉，那优惠券也就没有效果。想要达到自发传播的效果，需要精心设置福利的获取方法，给消费者一定的"障碍"，让福利显得"珍贵、稀缺"。

除了物质关联，让产品和品牌与用户产生情感关联，促成用户自发分享是更考验文案人员能力的。也就是所有广告人和媒体人都在追求的，做出让所有人疯狂转发、刷爆朋友圈的内容。关于这些网上有很多大咖都分享过各自的经验，我认为简单来说，容易触发自传播的内容无外乎以下四种类型。

干货类。通常来说，带数字的干货内容更容易被转发和收藏，比如"提升文案转化率的十大技巧"。

即时的情绪体验类。一般来说，让人快乐的、幽默的内容更容易获得转发。

自我实现类。代表用户的态度、价值观、梦想、人设等，替用户说话，替用户行动，通常这样的内容最能发挥品牌文案的价值。

热点相关类。和当下社会热点相关的内容更容易被转发。

下面我想重点说说自我实现类。自我实现类又可细分为以下几种。

1. 帮助用户实现某种身份的表达

人都有炫耀的天性,当你的文字、你的品牌个性能帮用户实现身份的表达时,他就会爱上你。

2. 帮用户实现价值观的表达

在日常生活中,人们总倾向于和三观一致的人交朋友、谈恋爱,正所谓"物以类聚,人以群分",当你的品牌能帮助用户传达他的价值取向时,他自然会认为你是同类。

3. 帮用户完成个性的表达

谁还没点小脾气？谁还不觉得自己是个宝宝？每个人或多或少都觉得自己才是与众不同的。帮用户彰显自己的个性，代替用户表达自己个性的品牌是聪明的。这方面最典型的文案是星座文。

你对白羊座一无所知！

4．帮用户完成梦想的表达

崇拜强者是人的天性。如果某些人的经历、某些行为明显超越了普通人的认知范围，或励志，或颠覆，只要是正能量、积极向上的，大概率都会引起人们的关注和转发。

褚时健
一手创造了中国最大的烟草帝国，75岁在经历人生低谷后，他重新出发；85岁时，他携自己精心耕耘10载的"褚橙"，东山再起。如今，他已当之无愧地成为了一代"橙王"，他的"褚橙"，也已成为名副其实的"励志橙"。

除了物质关联和情感关联，在营销传播中展露负面评价也是一种获取认同的办法。正如谷歌的零售业咨询总监约翰·麦卡提尔所说："没有人会相信所有的正面评价的。"在没有差评的时候，浏览者会假设你伪造了评价。人无完人——产品和服务也是如此。潜在客户想知道这玩意会有什么毛病。恰当的"示弱"有时候反倒会让人更相信你的真实。

哈佛商学院教授弗朗西斯·弗雷认为，信任有3个关键要素，就是真实性、逻辑严谨性和同理心。真实性是排在第一位的。

我曾经写过一篇文章，叫《如何增加广告文案的说服力》，其中的一条技巧就是展示双面信息。因为对于那些受过高等教育、理性的消费者来说，他们不会仅凭你的广告宣传头脑一热就会购买，尤其是当你的产品属于重度决策产品时，比如房子、车子、大件的电器。与其让消费者自己琢磨、自己对比，还不如商家自己展示出产品的双面信息。

当然，展示双面信息也需要一定技巧。你的目的是说服购买，透露某些方面的"不足"并及时说明这样的不足是为了突出某些方面的"优势很足"才是聪明的做法。比如常见的"一分钱一分货"就是将"高价格"的劣势和"高质量"的优势放一起进行对比。

第七章
第五步：构建场景，给足购买理由

第一节　什么是场景

有了品牌定位，知道了产品最大的卖点，也知道目标人群的需求和特征了，就可以把产品卖出去了吗？还不够，你还需要知道消费者在什么样的情况下会使用你的产品，这就是文案中的场景。为什么要挖掘这样的场景呢？因为场景能唤醒需求、强化需求，进而刺激购买。

其实场景这个词来源于戏剧、影视剧创作，用于指导剧本或脚本创作，完整的场景应该包括"4W+1H"，谁（Who）、在何时（When）、在何地（Where）、做什么（What）、如何做（How）。但当场景被引入营销中时，其实它的定义就被简化了。随着线上销售的普及，广告文案中描述场景、通过页面营造场景成为更普遍的做法。不同于影视作品中场景的刻画，广告文案中的场景未必需要写满"4W+1H"，广告中的场景更多泛指某种情景。但不管是哪种场景展示方式,能快速将消费者代入现实或想象中的消费情境中,让品牌在消费者的记忆中形成强关联,遇到相似场景会触发联想的文案就是好的场景文案。

　　文案中的场景描写,就是指将产品的特性和消费者所熟悉的生活、工作场景结合起来,用简单、易懂的文字触动消费者的需求点(痛点、痒点等),然后顺势推出产品,让消费者对产品的印象更深。其本质是强化需求和品牌产品之间的关联,其目的就是引发联想,使购买需求更强烈。

　　以下是我随机找的3款产品的广告图,其中纽西之谜面膜的广告图只是截取了该产品广告中列举的两个场景(见图7-1和图7-2),而初元的"看病人,送初元"(见图7-3)和香飘飘的"小饿小困,喝点香飘飘"(见图7-4)则是将场景直接作为品牌的定位点了。这涉及场景文案如何应用更有效的问题,我们后面再谈。

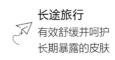

图7-1　纽西之谜面膜广告截图一

图7-2　纽西之谜面膜广告截图二

图 7-3 初元广告截图

图 7-4 香飘飘广告截图

第二节 场景文案的好处

场景文案有三个好处：一是调动情绪，二是细化需求，三是拓宽销售渠道。前两个对绝大多数产品都起作用，第三个则要看产品是否有拓展的空间。

一、调动情绪

一个没病没痛、基本的生理需要都能被满足的人，或高兴或悲伤或惊讶或特别想要什么东西这样的情绪都不会无缘无故产生，通常是在某些情景下才会意识到自己需要什么。场景广告就可以唤起情绪，激发需求。

二、细化需求

都说营销是洞察需求，然后满足需求，而场景化就是要把需求更细化，细化也是为了达到强化需求的目的。这就需要深入消费者与产品发生接触的实际情景中去，通过细节的描绘，尤其是痛点的挖掘，使消费者意识到"大大的缺乏感"。同时也因为细化，可以使产品对不同的人群有不同的意义。

三、拓宽销售渠道

从建立品牌的角度来看，我们需要在消费者心智中同时建立起品牌的深度和广度。深度就是品牌在消费者脑海中出现的可能性，我们可以通过大密度广告投放打造知名度，但是这样做并不够。因为如果你的品牌被想起的场合实在有限，或者你没有提示消费者在什么场合能用到该品牌，那就很容易被忽略。有些时候，你想提升销量，不一定非得要消费者爱上你的品牌，而可以从拓宽品牌的使用场合来下手，提升品牌的认知宽度。目的是让消费能在更多场景下想到你的产品。

比如，可口可乐可以被用在任何时间、任何地点，朋友聚会或者公司聚餐、外出旅行都可以想到它，但如果是牛奶、红酒似乎能想到的情景就有限了。这就需要营销人员能开动脑筋，通过文案为产品找到更宽泛的场景。

你看，场景文案就像是一个很会玩的朋友一样，可以帮用户节省不少思索的时间。当然，需求的场景也不能是生硬堆砌出来的，有些场景可能很普通，是显而易见的，是无法激发用户想象的，这就需要你对目标人群有深入洞察，要透过表面需求看得更深一点，就比如喝红酒，对男人和对女人的意义就不同。

总之，生动的场景文案描写，需要深挖需求、调动情绪、为读者模拟一个向往的美好画面，营造一种蒙太奇般的体验。

第三节　所有文案都能场景化吗

所有文案都能场景化吗？对于卖货文案来说，我认为是的。因为只要是产品，都存在使用场景。只要你希望产品被购买，那么就可以营造场景。特别是随着移动互联网的发展，购物可以在碎片化的时间随时发生，浏览即购买，所以运用场景化文案，再配合更先进的所见即所得的体验（比如直播、VR技术），那么将最大化地促成购买行为。

场景化其实是一种思维方式，也是一种写作技巧。即便你的产品从表面上看使用场景是有限的，比如就是一瓶矿泉水，若只是从水的功能属性来说，似乎就只能是解渴，但如果你从使用场景深入挖掘，会发现其实可用的地方还真不少。

优质的天然矿泉水，可以用来沏茶、用来煮饭、用来洗脸、用来给宝宝冲奶粉。这些场景都和日常生活息息相关，但如果你不在文案中指出来，并且细致描述产品在这些场景下带来的好处，那么用户很可能是想不到或者不在意的。

其实生活处处是场景，一般的消费品都对应不止一个使用场景。品牌需要做的，是发现那些高频发生的场景以及那些场景下用户所面临的痛点是什么，然后给出解决方案。这个时候，产品不仅是商品，还是传达、连接情感的工具。

比如有一款依据场景来推荐内衣的App，它会根据场景来给产品寻找差异化。这样一来就跳出了内衣行业原有的按功能划分的小圈子，而让品牌有了更大的发展空间。比如一则内衣的文案是这样描写场景的：

跟他出游的前一夜，还在纠结穿什么。

此时站在堆满衣服的床前，筹划着两天一夜的出游搭配，心里想着，跟他的第一次旅行，白天不能输给秋色，晚上不能辜负夜色。一边忍不住心跳，一边将唇膏香氛收入旅行袋，只是衣裙睡衫要带哪一些，我还要再纠结一会儿……

这样的场景是不是很常见？文案抓住了女性约会前选

择衣服的典型场景,通过细致描绘这一场景,然后顺势给出品牌传递的价值观,抛出产品。

一说到产品,我们往往首先会想到产品对应的功能属性,当然这很重要。但对于处于红海市场中的品牌来说,产品的本质其实是通过综合的用户体验给用户带来满意,这种体验有产品层面的"物境",有品牌层面的"情境",还有通过场景所营造的蒙太奇般的"意境"。场景广告就是一个连接"物境""情境"从而带来"意境"的好方式。

第四节 场景文案从哪里切入

一、从定位切入

前面已经介绍过,卖货文案的第一步其实是定位。要么是产品定位,要么是品牌定位。定位是方向,是指挥棒。当你的产品或品牌适合依照场景进行定位的时候,那文案当然也要依照这个场景展开。

比如前面提到的"看病人,送初元""小饿小困,喝点香飘飘"都是直接将产品的使用场景当作整个品牌的定位点。类似的还有黄金酒的"送长辈,黄金酒"、脑白金的"今年过节不收礼,收礼只收脑白金",都是将产品的使用场景做了清晰的定位。在这样的情况下,其实产品的场景已经很清晰了,后续的营销活动围绕这一场景展开即可。

类似的还有图7-5中的婴儿睡袋产品,产品的名称和文案的场景就有很自然的衔接。

新生儿防惊跳襁褓睡袋

妈妈怀抱般的温暖 给宝宝安稳睡眠

频繁夜醒 影响宝宝发育

惊跳反应亦称莫罗氏反射,由于新生儿刚离开温暖的子宫,对外界带来的刺激和变化会感到不安,就会出现惊跳现象

图7-5 婴儿睡袋产品场景文案

二、从卖点切入

虽然给产品圈定一个清晰的场景,并拿它当作该产品甚至品牌的定位点确实很有效,但并非所有品牌都可以拿场景当作定位点。一来因为随着品牌的发展,品牌的定位点也会变。比如有些品牌进行延伸后,品牌的含义会变得更加抽象,就像迪士尼;二来将场景作为定位也需要有敏锐的眼光和相应的在产品和营销方面的投入,并非靠广告的引导就可以实现。

如果产品或品牌本身没有依照场景化进行定位,如何通过广告文案来弥补呢?

首先,你需要足够了解产品和对应的人群,在此基础之上,将产品的使用场景和人群进行对应。

其次,将这些场景和竞争对手的场景进行对比,那些强势品牌频繁使用的场景是你应该避免的，你应该做的是找到空白场景。如果你的产品在这些场景确实还能发挥不一样的优势，那么你甚至可以直接把这些场景当作品牌的定位点。比如"考试专用笔"是一个很强的场景化定位，如果你也想进入，就需要考虑这个市场是否有足够强的品牌，消费者的心智中是否有这个品类的品牌认知。如果有，而且还很根深蒂固的话，那你再选择进入就不是明智之举了，如果非要进入同一赛道，则需要给出一个足够吸引消费者选择你的理由。这时候不妨看看是否可以另辟蹊径，找到一个没有强势品牌的细分的小切口进入，比如"美术考试专用笔"（只是举例假设，是否合适需要调研），那么则有可能因为精准的人群定位和精准的需求及空白市场而快速占据用户的心智。

再次，对这些筛选好的场景进行一个排序。一般来说，产品都不止一个使用场景，那么是否全部场景都需要放进文案里呢？当然不是，比刚才提到的和强势品牌重合的，以及那些非常普通的、不痛不痒的、对消费者没什么刺激作用的场景则需要舍去。比如你卖矿泉水，你非要说"渴了的时候请喝××牌矿泉水"，那就会有多此一举之嫌。

什么样的场景能对刺激需求产生积极作用呢？我认为可以按照痛点＞爽点＞痒点的顺序来选择场景。也就是竞争对手没提到的或者用户心智中还没有的，并且优先满足痛点的肯定是首选场景。其次就是能带来及时享受的场景，也就是你的用户因为你的产品在什么场景下会产生爽的感觉。再次是痒点,当你的产品属于升级型产品或者享受型产品、奢侈品的时候,就需要不断营造一种假想的场景,挑拨用户想要拥有的欲望。

三、从用户的关注点切入

在移动互联网和自媒体高度发达的时代,抢占用户碎片化时间是商家必须要做的。商家不能只是围绕自身产品来做策划,而是要深入用户活跃的社群和常用的媒介,主动和用户打成一片。综艺节目、影视剧节目中的广告植入,热点话题和产品的结合……当品牌切入用户的关注点时,自然就与用户有了更自然的连接。

四、从用户的抱怨切入

既然是以用户为中心,那么用户的意见当然很重要。通过收集用户评价,了解用户的不满,然后巧妙地在文案中直接给出解决方案。如果产品确实有局限,也诚实地说出来。前面提到过我曾经写的一篇提高文案说服力技巧的文章,其中有一条是"展示双面信息",简单来说就是自曝缺点。因为任何一款产品都不可能满足所有人的期待。就像一个人不能说自己是全才,即便你真的是,当别人不了解你的时候,也不会相信。那该怎么办呢?聪明的做法是适当暴露自己的不足,并及时说明这样的不足是为了突出某一方面的优势很足。当然,这样的技巧不是非要通过场景文案来展示,比如你的产品相对竞品来说最大的劣势是价格过高,那你就可以主动说明价格过高的原因是什么,突出高价格带来的高价值。当然,最好是把因为品质优良而带来的好处通过场景文案生动地展现出来。

第五节　如何写好场景文案

首先大家一定要明白,场景文案能让消费者产生身临其境的感觉,其作用是促进产品销售。但要说借助场景来销售,其实最直接的方式并非广告文案,而是像宜家这样的实体店。

逛过宜家的人都知道,宜家有许多样板间,它将自己的产品和模拟的家庭环境结合,直接营造出了拥有产品后的场景,让消费者产生浸润感,这时候激发购买欲的可能就不是产品本身了,而很可能是沉浸其中的晕乎乎的情感。

具体到场景文案,它不需要利用实际场地去展示产品,而主要是通过文字和画面的配合,营造出类似实体店的"参与感和沉浸感"。而且随着媒体技术的发展,尤其是短视频的兴起,现代广告可以很轻松地通过更丰富的"文字+影音"的形式来展示。但无论是什么形式,万变不离其宗，广告文案对促进销售的作用也是不可或缺的，因为即便一个产品摆在你面前，在消费者对品牌没有任何了解、产品本身也不是开创型产品、表面上看和竞品相差无几的情况下，想要仅凭展示就让消费者掏钱是不容易的。想利用好场景文案让其真正发挥"动销"的作用，一定要在几个方面下功夫。

一、选好要重点突出的场景

这点很好理解。任何一款产品可能都不止一个使用场景，场景文案并非随便给产品找几个常见的场景就完事了，而是要选择适合你的产品的特定场景。你的产品在这个特定场景中能发挥出比竞争对手更出色的性能、带来更出众的体验才行，要么就是竞品没有提出的使用场景你率先提出来也行，人云亦云、没有特色、只为"凑数"的场景文案其实不是我们想要的。

举个例子，如果现在有一个不锈钢的铲子要你来卖，它并没有什么品牌背书，这时候该如何进行场景化描写呢？如果你想到的就是列举出它的使用场景：炒菜、炒饭、做汤、煮粥。那其实就相当于你说矿泉水可以"等车的时候喝""运动以后喝""干完活渴了喝"，顾客会说："这不是废话吗"。所以，并非所有的场景都为文案加分，只有当这个场景恰巧是产品甚至是品牌的定位点，或者真的是对核心卖点的具象化阐述时才有意义。

如果你卖的是铲子,我个人认为图7-6和图7-7这样的场景表达其实并没有为突出产品的核心卖点起到多大作用,所以是有"凑数"之嫌的。

图7-6　铲子的使用场景一

图7-7　铲子的使用场景二

这里其实还涉及一个问题,那就是**场景文案一定有效吗?答案当然是未必**。不然为什么很多产品明明给你列了一堆使用场景,你却依然不会动心呢?场景文案是一种帮助文案增加感染力、拉近产品和顾客间距离的方式,它有时会上升到品牌竞争的策略层面,成为品牌的定位点,统领接下来的品牌营销活动。比如王老吉的"怕上火喝王老吉"以及"看病人,送初元""小饿小困,喝点香飘飘",

这里边的场景是作为品牌定位点的。还有些场景文案虽然并不是直接为核心卖点服务的，但也是对产品卖点的生动描写，也能起到为整体增色的作用。

那如果还是这个铲子，该如何应用场景文案才有效呢？通过分析产品，我们发现其最大的卖点是防止烫手，因为手柄比较长，而且采用电木手柄，可以有效隔热防烫。这时候就可以围绕这个卖点来找场景，你完全可以列举一些平时炒菜时因为铲子手柄不隔热或者长短不合适造成各种被油溅烫的画面，配合文案："每次炒菜都要离锅老远，生怕溅烫？有了×××牌超长隔热防烫铲，不怕炒菜溅烫"。

二、小切口，精准洞察痛点需求的场景

其实，场景是和需求配套的。发现场景中的痛点也是发现新机会，然后引领需求的过程。所以选择小切口跟我们前面所说的开发新产品，赋予产品新的品类身份、给产品准确的定位都是互为关联的。找场景，也是洞察市场、洞察用户的过程。

不过我这里说的小切口，还不是仅针对产品开发的过程而言的，而是对文案人员来说的。当你的客户自己也不清楚自家产品该主打什么卖点时，该如何切入？比如说卖签字笔，大家的产品都差不多，那你该如何利用场景文案让产品更突出呢？

在这种情况下，如果你还是把目光聚焦到整根笔上，就很容易陷入这样的描写："书写顺畅""考试用笔""设计独特"等。这些都没有错，但这样做最大的问题在于和其他产品有太多的雷同。如何才能不雷同？就需要你的目光"收窄"一些。还是这支笔，你不再关注它的整体，不再关注它在"大众场景"中的作用，而是只观察它的局部。笔头、笔杆、写字时握笔的感觉（见图 7-8 和图 7-9），通过这些平时用笔时微观的场景洞察，把产品的特色展示出来。

笔头，流畅书写体验

流畅出水、丝般顺滑的书写体验，源自于笔尖的0.5毫米碳化钨球珠。碳化钨球珠硬度与金刚石相似，可靠耐用、使用寿命长。

0.5毫米
碳化钨球珠

图 7-8　局部场景一

图 7-9　局部场景二

三、大细节,营造画面感或感同身受的代入感

找到切入点,然后进行细节描写。但是不需要像影视剧本那样把所有细节都刻画出来,而是找出最具代表性、最能引起强烈共鸣的情节。场景文案要把产品带来的利益更加具象化。通过你的描写,能让用户马上进行关联。比如,洗碗机的最大卖点是方便。但如果你只是简单地说"全自动洗碗机,洗碗更方便",就显得很平淡,很难体会出方便之感。如果你改成"吃完饭,洗碗机帮你洗碗,你可以安静地看会书或多些时间陪陪孩子",就会有画面感和代入感了。

还有如图 7-10 和图 7-11 所示,同样是想体现一把伞"小巧""便携"的卖点,如果加入场景化的描写和配图,就会显得生动,"手掌大小""小包可放"再配上很直观的夏季出行场景图就会一目了然。而相比之下,如果说伞的大小是 108 厘米、重量是 180 克,则没么容易被用户感知的。

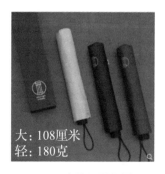

图 7-10 伞的场景化描写一

图 7-11 伞的场景化描写二

四、场景文案的应用原则

如果你的产品是能切实解决某个痛点需求的,而且还具有稀缺性,那毋庸置疑,直接从引起痛苦的场景切入即可。而且这个切入点最好也是通篇文案的切入点。因为能解决用户的明确痛点而且还稀缺,那肯定就是产品的定位点了。

如果产品不能切实解决某个痛点需求,还不具有稀缺性,那就要综合分析一下产品本身的定位和差异化卖点是什么,然后根据卖点找到对应的高频需求的场景。

除此以外,有些卖点或者广告诉求虽然不是主要的,但仍然值得考虑。因为一则卖货的广告,一定要尽可能提供完整信息。所以相对的,有时候为那些并非主要的诉求寻找场景也是必要的。

所以大家一定要记住,文案场景化是一个写作思路也是一个技巧,并非一定要基于痛点才可以场景化。对于基于痛点定位的产品来说,场景化确实有临门一脚的助攻作用,但对于本身使用场景有限的产品,文案场景化就是营造氛围。

比如冰箱,从使用层面来说确实场景有限,似乎只是矗立在家中的电器,它的卖点更多是从功能属性、外观设计和品牌背书的角度来挖掘的,那么在你的文案中能不能为它联想一些具体的场景呢？比如卖点是大容量，那么大容量带来的好处是什么？是一次性囤够一个月的食材，满足4~6口之家的需求。再具体到场景中：想吃大羊腿，可以毫不犹豫地搬回家自己做！因为这款冰箱能够轻松放下整只大羊腿。

再拿益达口香糖来举例。对于口香糖来说，如果你深挖它本身的功能属性，那么大多数品牌之间没有太大的差异化，当然也不适合利用痛点来进行定位。它的广告语："吃完、喝完嚼益达"就是很聪明地利用场景给产品找了一个很好的定位的例子。吃完、喝完，既有很明确的场景描述，也非常形象、好记忆。广告语通过强化口香糖和使用场景的关联并不断重复从而带来强烈的行动指引效果。

第 3 篇

卖货文案实战技能

第八章
卖货文案落笔撰写步骤

第一节　框架建立，快速搭建初稿

从这一章开始，我们正式进入卖货文案的实战阶段——开始动手写作。俗话说，工欲善其事必先利其器，前面关于品类、品牌、需求、场景的挖掘和对目标用户画像的了解，都是我们开始正式写作之前要做的重要工作，也是必要步骤。如果前面的工作都做到位了，那么写作也会事半功倍。

卖货文案的目的就是推销，一名推销员一次只能服务一位顾客，而一篇文案却可以同时被成百上千的人看到。对产品、品牌和用户的了解就是推销员应该做的基本功。根据前面的分析，在接到一个产品推广文案的任务时，必须先明确三个问题：是什么，确定品类和产品的基本特点；有何不同，就是给顾客一个只选择你的不买别的品牌的理由，也就是品牌的利益点（卖点的竞争层和利益层）；再就是如何证明，你需要列举被推荐产品值得信任的证据。同时，还要对你要推销的顾客有着清晰的了解，越细致越好，你需要知道他的迫切需求是什么,深层诉求是什么,等等。

其实以上的动作,就是在专业广告公司中撰写创意简报的过程。创意简报,英文为 Creative Brief,这通常是由策略部门经由甲方公司共同确定的。Brief 在这里翻译过来就是"任务简介"的意思,转换到日常工作中就是甲方公司给乙方公司或者公司上级给下级、跨部门之间一种工作上的"执行指南"。

对于广告创意人员来说,一份创意简报其实就是广告传播策略的浓缩,是开展广告创意的核心基石。合格的创意简报需要对市场和消费者有着深刻的洞察和严谨的逻辑思考,然后创意人员基于这份指南去开展创意工作。

对于很多甲方公司来说,这份工作通常是由企划部门完成的,而文案人员也是企划部门的一员。鉴于在许多中小企业,特别是在甲方公司中,文案和策划人员其实就是一个人,所以即便公司并没有要求撰写创意简报,关于策略部分的探讨和思考过程也是绝对不可少的,而且还因为可能涉及战略方向,是需要和公司高层领导确认才可以的。在此特别想对中小企业的文案和策划人员说一句,一个人可以同时承担策划和广告文案创意的工作当然是一个历练的机会,但涉及传播策略的问题,在具体执行前最好得到上级领导的认可。不过这可不是让你甩锅,觉得这应该是企划总监做的事。要知道,具备策略思维,并参与策略的制定本身就是很硬核的技能。

广告公司的每一个项目的工作都会对应一份创意简报。但其实不论是在甲方公司工作还是自己做自由撰稿人为甲方公司写广告文案，都可以借鉴这个工作方式，将需要明确的内容用创意简报的形式列出来，并逐一敲定。这个过程既是对策略的分析，也是真正开展广告创意的重要准备工作。做好这些，才能保证你的文案是在一个正确的方向上。下面是我认为在撰写卖货文案前，一份创意简报里应该包括的核心要素和思考方法。

一、工作需求

一切都从需求开始。无论是甲方公司还是乙方公司，都要明确当前的任务具体是什么，这涉及一个非常具体的工作计划。你需要明确你要做的具体工作是户外广告还是报刊平面广告、是视频脚本还是朋友圈海报、软文等，以及具体的尺寸、字数限制等，然后就是发布媒体，是微信公众号、微博、抖音还是其他合作媒体。当然，所有工作都涉及时间节点，注意要留有修正的时间。只有明确知道你的广告是什么形式、在什么媒介发布，以及时间节点，你的工作才能有的放矢。

> **工作需求3问**
> 什么形式（海报、脚本、微信公众号推文、详情页，以及尺寸）
> 什么媒介（××微信公众号、××电商平台、××视频媒体）
> 什么时间（敲定初稿和截稿时间）

二、广告目的

本书针对的是卖货文案,所以目的当然是卖货。这包括实体产品的销量、互联网产品如 App 的下载量、服务机构的电话咨询等。在第一章我分析过卖货文案和品牌文案的关系,结论是其实两者不应该有严格的界限,但同时也指出在实际工作中,品牌处在不同阶段会有不同的推广目的。有些广告确实不以当下成交为目的,而是为了品牌曝光、凸显品牌公益形象等。这时候文案偏向于一句话走心,与受众的情感沟通更多些。而当文案以卖货为目的时,则需要更多的场景、细节、利益勾引、促销活动。

说到这里,就不可避免地再次提到一个词"品效合一"。因为如果你去问一个广告主做广告希望达到什么目的,大多数人会下意识地说:"肯定是希望既能卖货,带动销量,还能打响品牌知名度"。

关于"品效合一"的看法前面我们介绍卖货文案和品牌文案的区别时我已经表达过观点了,这里再补充一下。之所以很多人认为"品效合一"只是理想化的状态,很难实现,其实是因为认知的误区。

长久以来,很多营销人将品牌和产品进行二元化对立来看,认为品牌广告是不能轻易露出产品的,要委婉,其中最典型的是主张所谓的"情感营销"。认为品牌广告就是要谈感情,一提到品牌传播就会想到创意广告片,催泪、走心常成为关键词。他们对在广告中提到产品这件事特别谨慎,认为消费者最讨厌推销产品了。

如果是按照上述逻辑来看,品,就是单纯的品牌,绝口不说产品;效,就是产品销量。若是这个逻辑的话,想一则广告能同时实现品牌的情感煽动和效果的销量大增两个目标(即品效合一)确实难度不小,也不那么容易测量。所以才会有"品牌广告"和"效果广告"之分。但是为什么一定要将品牌和产品割裂来看?为什么要将品牌广告和效果广告做那么严格的划分呢?

一个伟大的品牌背后一定有一款伟大的产品,离开产品去谈品牌是无意义的;而如果只谈产品没有品牌,那么企业如何在市场竞争中生存?具体到广告中来看,不管你是从品牌的情感层面切入,还是从产品的物质功能层切入,只要能够在消费者心智中占据有利位置,满足需求,提供解决问题的方案,那自然会带来效果。而且这个效果不是单一锁定的"销量",还包括良好的口碑传播、用户参与转发、互动等。

所以,从这个层面来看,"品效合一"就不是什么难以融合的事情了。对广告主而言,写一篇推文到底达到什么目的一定要确定好,这涉及广告策略的使用。如果仅仅以"下单数量"来衡量广告,那么可以拼命送优惠、搞促销、开展各种捆绑销售等。但这是你的目的吗?所以,关于

"品效合一"的广告,我还是这个看法:我们应当以终为始地做广告,从意识层面要重视"品效合一"的重要性。在品牌和效果两个方面都能做到有预期、有评估。不能因为追求短期销售,而做损害品牌形象的事;也要结合企业自身的发展阶段,不搞形式主义,不要将品牌广告沦为一味追求高大上、只为创意而生、不顾当下利益的活动。

在实际工作中,纯粹的品牌形象传播广告多发生在成熟的品牌身上,初创品牌还是不要盲目效仿。初创品牌期待一边提升产品销量一边兼顾品牌知名度和品牌形象的提升,撰写卖货文案是非常明智的选择。

广告目的 3 问

销量转化(订单量、咨询次数、App 下载量等)

品牌塑造(认知、情绪、行为)

品效合一(对这个概念的认知是关键)

三、项目背景

项目背景包括产品所处的生命周期、品牌目前阶段的定位、品牌是否可以成为产品的强力背书、竞争对手的状况、该产品的主要销售渠道和模式(零售还是招商)等。对于卖货文案来说,主要是看品牌和产品是否有突出的亮点,主要竞争对手是谁,在价格、渠道、促销、信任等多方面寻找对销售的支持。

> **项目背景 3 问**
>
> 品牌背景（初创、小众、知名、是否有明确定位）
> 产品背景（开创型、特色型、跟风型、是否卖点明确）
> 市场背景（渠道、销量、竞争、行业等）

注意，这里的项目背景调查，更多是基于你向甲方公司了解到的情况。尤其是品牌定位、产品卖点这些要和甲方公司沟通，听听他们的想法。你或许会给产品一个全新的定位，重新提炼产品概念，但在项目背景调查阶段你要根据产品目前的状况如实记录。

四、产品卖点盘点

产品卖点盘点是在第三步无法短时间准确地提炼产品卖点的情况下，或者通过调查发现存在问题，产品的概念、卖点、以及品牌定位都需要重新梳理的情况下一种快速帮助文案人员了解产品的实操方法。卖货文案的核心目的就是销售产品，刺激顾客"当下掏钱"。所以卖货文案从篇幅上多偏于长文案，需要深度说服，至少是全面说服。有时仅展现产品差异性还不够，对产品全面、多角度展示是很有必要的。

文案策划人员要当猎头，产品就是你要面试的候选人，你对产品的了解越全面，才能越精准地推荐给需求单位（消费者）。产品卖点盘点就是盘点候选者与需求者之间的匹配。

在前面的章节中,我一直在说原理,也相对系统、详细地剖析了如何从品类开始了解产品、了解品牌,如何寻找独特卖点。但前面的章节实际上是兼顾了产品研发、品牌创建的视角进行剖析的,侧重点在于如何从零开始打造一款爆品、如何创建一个品牌。

有一个事实是,大多数的文案人员都不会有机会参与一款产品的研发和品牌创建,更多的人是从产品出厂以及销售一段时间后开始介入的。而且对于卖货文案来说,往往甲方公司的需求特别明确,就是促进销售,所以可能根本容不得你"从长计议"。

拿到一款产品,你需要快速地了解它,为它梳理卖点,以此给出足够的购买理由。因此,我认为有必要在理论的基础上总结一套非常简便、易操作、新手一看就知道从哪入手的方法。

大家一定要知道,购买是基于信任的。即便是因为一时冲动购买,但下单的那一刻顾客也是潜意识中"愿意相信"这个产品能满足他的需求的。品牌是信任,但如果不是非常知名的品牌,那么作为"推销员"的文案撰写者来说,就必须通过你的介绍传达出产品或服务的专业和值得信赖。

任何产品或服务都可以通过显示出足够专业和值得信赖来赢得消费者。这就要求文案人员在开始撰写任何一款产品广告的时候,先要让自己成为最了解产品的人,最好是产品专家。

怎么做呢?当你接到给一个产品写卖货文案的任务时,先和生产者、和甲方公司聊聊,从他们那里获得一些关于产品的初步印象,以及他们关于产品核心卖点的看法。然后把手里关于产品和品牌的所有资料都看一遍。看完以后,你就可以拿出一张纸或者打开电脑,建立一个新文档开始动笔写。

写什么呢?只要是关于产品的信息都可以写。相信你能很容易写出产品的基础信息:首先这是一款什么产品,也就是前面我一直强调的确定品类。它是保温杯还是防晒伞还是其他东西。可以作为替代者开创一个新品类吗?建议当你没有对产品和相关竞品做一个全面了解的情况下,先按照产品既定的属性给它归类。比如是可以遮阳的防晒伞,那好,先不要管它是否可以起一个全新的名称,是否可以开创一个新品类,就把它先当作防晒伞。然后写下它的品牌信息,即××牌防晒伞。随之把关于这个品牌的初步认知写出来,主要是该品牌处于什么阶段,该产品和这个品牌的关系是什么,是属于新系列、新型号,还是该品牌跨品类的延伸,或者这是该品牌的第一款产品。明确这一点很重要,因为新品牌的新产品和老品牌的新产品各自承担的战略任务是不同的。

有些产品作为开路先锋,肩负的战略任务是占领某个市场。然后这个品牌会继续跟进推出第二款产品,其战略任务是扩大边际效益。比如之前举例的 RIO 鸡尾酒,它推出第一款产品的时候,目的就是占领预调鸡尾酒这个市场,推出"RIO"这个品牌,而推出"微醺"系列的时候则是丰富产品结构、扩大边际效益。

所以,拿到一款产品,先明确基础信息,然后确定品类和产品与品牌的关系,明确其在整个品类规划中的战略任务是什么。最好是能知道企业整体的产品结构是什么。因为企业的产品结构就是企业的战略路线图。了解了这些,你就能从宏观上明确眼前要推广的产品具有怎样的意义,力该往哪儿使。而且,说不定通过你的分析,还可以帮助企业明确思路,更加明确产品的战略地位。

接下来就是开始罗列产品卖点了。你不需要一下子就找到产品的独特卖点,而只需把产品的所有与销售相关的卖点都罗列出来。

通常来说,当你在纸上或电脑上列出了关于产品和品牌的信息时,你的脑子里一定会闪现一些关于这款产品的独特看法和最核心的要点,要么就是找到了一些最能打动人的购买这个产品的原因,没关系,都可以记录下来,直接在文档上敲出来。这些零零散散的概念和想法到你真正提炼产品核心卖点、梳理文案逻辑,使之成为一则合格的卖货文案时会有用的。

准备工作做完了,就可以开始提炼卖点了。关于卖点尤其是独特卖点如何提炼在前面的章节都有介绍，这里就不再重复了。

> **卖点盘点 3 步**
> 品类定位（替代者还是跟风者，站好队，知道跟谁比）
> 卖点分类（品类层、品牌层、分支产品，明确战略任务）
> 卖点提炼（两个层次）

除了按照上述的方法提炼卖点，再给大家推荐一个非常快速的方法。可以去各大电商平台，把竞品的产品详情页找出来。产品的卖点从上到下是按照核心卖点和次要卖点进行排列的，记录下来。你的差异化卖点就需要避开大家都在谈论的卖点，做到人无我有、人有我优即可。比如有的防晒伞强调折叠方便，有的防晒伞强调颜色靓丽，有的防晒伞强调防晒指数高。你的伞最大的优势就要避开大家都在谈论的卖点而另辟蹊径，比如可以降温的伞。除了这最大的差异化优势，别人有的你也要展示。

次要卖点依然要按照主次进行排列。如何确定主次？有一个小窍门是，大家都在重复说的卖点、别人一再强调的点要优先排序。也就是你除了有别人没有的最大优势，别人大力宣传的点你要当作第二、第三卖点。

> **梳理卖点原则**
> 核心卖点不要千篇一律
> 辅助卖点别人有自己也要有
> 卖点不够服务、品牌来凑

在篇幅允许的情况下，要尽可能完整地展示产品信息。比如，当你在微信公众号写产品软文、在电商平台写产品的详情页时，都需要尽可能全面地介绍产品的方方面面。但这并不是说一定要字数多，而是指信息全面。想象着你对面坐着一位顾客听你介绍，你肯定是从产品最大的优势切入，然后循着顾客的思路帮它拆解这款产品。

五、品牌盘点

注意，这里的品牌盘点并非给品牌做定位。品牌定位和市场定位是在前面项目背景部分要了解的。这一步你需要判断两种情况：是品牌带产品，还是产品带品牌。前者是指比较知名的品牌推出新产品，比如迪奥新推出了口红和不知名品牌新推出了口红，那么文案的切入点就会不一样。什么叫产品带品牌呢？就是你的产品特别有特色，如果还代表了某种创新，属于市场开创者，是品类的第一，那么产品的推出也就顺势带出品牌了。

但是对于很多文案人员来说，推广非常知名品牌产品的机会和非常有特色产品的机会都不太多，大概率情况下你推广的是平凡中略有特色的产品。怎么理解呢？就是产品还并未形成品牌影响力，产品的亮点不是很突出或者不容易被感知（比如基于加工工艺改进的微创新，消费者不能立即感知），这时候的产品就像一块璞玉，等待被开发。

当然一定要注意，所谓产品优势不突出并非指质量，卖货文案一定是在产品质量没问题的情况才会有可能起作用，因为任何广告也拯救不了烂产品。

然而质量好，不意味着销量就好。对这些平凡产品而言，要想脱颖而出需要一开始就做好多条腿走路的准备。幻想单纯靠文案让一个没有竞争优势的产品卖断货本身就是有难度的，但好的广告文案是可以起到四两拨千斤的作用的。

面对一款相对平凡的产品，一味地强调产品的功能属性不行，因为在网上一搜同质的产品一大堆；一味地强调品牌的态度、主张似乎也不行，对于一个没有任何认知度和粉丝基础的品牌来说，谁在乎你的态度和主张啊？平凡产品就如我们每一个平凡的人一样，想成功当然还是要提升自身的综合实力：一方面，在功能、样式、服务、售后等实质性层面上进行改进，一方面借助多种品牌活动增加品牌曝光、积极营造品牌的良好形象。

购买是信任的一种体现，建立品牌的本质也是制造信任货币。所以，在撰写文案的时候，大家有必要先了解清楚这个产品到底有多少信任支撑。品牌、名人支持、口碑推荐、销量数据等这些能提升人们信任感的元素无疑比干巴巴地一味强调产品有多么好更有说服力。在着手写作之前，把围绕产品的信任元素都罗列出来，就好比你抓牌的时候手里有大王小王一样，你会对牌局更有信心，毕竟只要不犯很低级的错误,王牌总是会成为助力的。

> **品牌盘点 3 问**
>
> 名人支持(关键意见领袖、明星、专家推荐)
> 口碑支持(销量数据、好评点赞、复购、粉丝)
> 故事支持(品牌故事、历史、获奖经历和其他对品牌有利的背书)

六、人群需求和用户画像

之所以把人群需求和用户画像放在产品和品牌盘点之后,是因为对于卖货文案来说,产品和品牌本身的优势和价值才是根本。产品在开发之初、品牌在创建之时已经对市场需求有过调研了。我们拿到的是已经成型的产品,并不能根据用户的需求去改变产品本身。文案人员这时扮演的是推销员的角色。

所以文案人员的首要任务是对自己要推销的商品做全面的了解,然后才是根据对用户的询问或洞察来寻找切入的角度进行推荐。

想象一下顾客逛商场的情景,当顾客走进你的店里,你下意识地会先问问顾客的需求,然后才是结合需求进行推荐。

对于文案人员来说,我们不能面对面地和顾客交流,但这不意味着我们对他们的了解就会少。毕竟广告这个行业就是一个站在顾客的角度去思考的行业,让受众通过广告获得产品信息并触动目标受众的心,促使其产生了解和购买商品的欲望才称得上成功的卖货广告。

可见,了解目标消费者对文案人员来说本身就是一个没有止境的过程。而且不论用什么工具、不论调研样本有多少,面对与消费者相关的复杂多变的因素总会挂一漏万。所以现在的广告传播已经从大众转向小众,文案的目标对象已经越发倾向精准、少量的人群了。

大家要明确一点,了解目标消费者,主要是对他们的价值观和生活态度的了解,因为这会影响他们的价值取向,进而会影响他们的消费行为。只有了解了这些,才能精准地把握消费者的心理,写出的文案才能一针见血、句句攻心。

如何才能更了解这些小众人群的价值取向呢?除了要求广告人始终对生活,对周遭的人、事、物保持敏锐洞察,多观察不同阶层的人,多体验生活,多搜集素材以外,当你接到某款产品的文案推广任务时,你首先要和甲方公司聊聊,了解他们对市场的理解是什么,他们研发产品、创建品牌的初衷是什么,他们的产品主要服务哪些人群。毕竟你的广告首先要面对的受众还不是消费者,而是甲方公司即广告主。

如果和甲方公司沟通完,你还是感觉思路不清晰,那就试着去找几个对产品可能有需求的人,去采访他们对产品的看法,他们会因为什么原因购买。总之,对于文案人来说，多多体验不同阶层人的生活状态、多揣摩不同人的消费心理、多了解不同人的人生观是你想做好这个职业必要的付出。

了解需求和用户画像，可以确立传播利益点和文案风格。洞察需求还要结合所推广产品的性质，比如大多数快消品是基于感性购买的，而房产和汽车等产品则多数是基于理性购买的。在这里介绍一个广告传播方面非常实用的消费者研究工具——消费者参与理论。

依照决策系统，消费者购买行为分为理性消费和感性消费。参与度是指其在购买过程中所投入的时间、精力、心思以及其他资源。参与度的高低以及理性与感性的投入，两组要素组合起来就构成了"消费者参与理论四象限坐标图"。如图8-1所示，这是一种有效了解目标消费者行为和心理的途径。

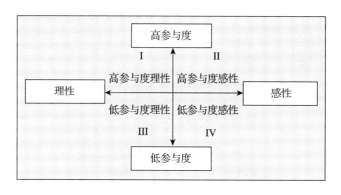

图8-1 消费者参与理论四象限坐标图

针对不同的象限，所采取的文案策略也是不同的。

1. 高参与度理性消费的文案策略

这一象限内的产品意味着高价格，比如房产、汽车、教育投资、大件电器等。这时候消费者的决策是趋于理性的，所以文案的重点首先要传达出清晰的利益点，你的文案要保证信息完整，能够打消消费者方方面面的顾虑。对于这种理性消费的文案，详尽的内容、合理的解释肯定比花里胡哨的概念更有效。你需要体现出专业性，像是一个产品专家。

2. 高参与度感性消费的文案策略

什么产品价格高还倾向于感性消费呢？对，珠宝，以及各种奢侈品。消费者购买这些产品肯定不单纯出于使用的需求，而是为了彰显身份、宣示品位、传达某种价值观。所以针对这类产品，我们的广告诉求更多集中于情感和品牌形象、高附加价值的宣传。当然，产品本身的质量肯定是过关的。但相对来说，品牌背后的故事、多少名人的青睐、历史传承、寓意更能触动人心。

3. 低参与度理性消费的文案策略

这个象限内的产品特别丰富，我们日常所需的生活必需消费品都属于此类，比如牙膏、牙刷、早餐、口红、化妆品等。说起来，卖货文案所服务的产品大部分属于此象限。正因为在此类别的产品中，每个品类都有无数种产品，所以这类产品的广告重点是如何劝说消费者去尝试更换品牌。

这就需要你的产品有独特的差异点,你的广告中能给出足够新鲜的或绝对有诱惑力的利益让消费者愿意改变习惯,去更换新的品牌。试用、礼品、优惠促销都是常用的刺激尝试的手段。还有就是不断推出新的产品、对包装设计进行更新换代,在广告中使用"新配方""全新上市""全新口味"等,总之就是要不遗余力地吸引消费者去尝试。

4. 低参与度感性消费的文案策略

这个区间的产品倾向于瞬间决策,并且是感性消费,诱发消费的动因往往是某种情绪上的触动。比如电影新上市时,宣传海报中对电影情节的描述、大牌明星的加盟以及炫酷的视听效果都会让人忍不住想一睹为快。还有诸如冰激凌、蛋糕甜点等,这种产品的广告多采用感性诉求,目的是诱发冲动购买。

怎样才能让消费者在某一瞬间就迫不及待地掏钱购买呢?当然是能够深谙消费者心理需求,能直接触动消费者内心开关的文案。这种文案多是以情感诉求为主,或温馨甜蜜或走心共鸣,要么就是能够带来良好的体验感或是营造出很强的代入感,比如前面一直说的场景文案。

低参与度感性文案其实在日常消费品中也非常常见。

因为产品同质化很强，促销、低价和强调产品功能往往起不到很大作用，但如果这个产品有额外的附加价值，比如代表着幸运或是限量款，或者该品牌有着非常独特的个性，代表着某种独特的文化，那么该产品就会平添魅力。

总之，低参与度感性消费其实和低参与度理性消费的产品都是我们卖货文案所接触的最大的产品范围。撰写文案的时候也常常是两种策略一起使用的。是感性还是理性其实并没有严格的界限，刚刚上市的新产品往往会以理性为主，因为要传达产品的基本特性，等到有了一定市场占有率和品牌知名度时，其广告诉求就以感性为主。但也有很多品牌一上市就以感性为主。

大家只需要把握一个原则，产品的本质就是给消费者带来更好的体验。尤其是当你的产品属于大众消费品时，这就需要我们的卖货文案能在消费者的物质需求和情感需求之间自由切换。不能像纯品牌文案那样只聊感情，也不能像药品说明书一般枯燥、机械、无法打动人心。卖货文案要始终把握一点核心：卖货！销售！晓之以理、动之以情。但这个"情"也不能是自嗨，要符合品牌定位和调性。

当然，你肯定会发现，其实我列举的这四个象限中的产品类别随着社会经济的发展肯定是不断变化的。比如手机就已经从"高参与度理性消费"向"低参与度感性消费"过渡了。而且同一个产品对不同的消费者而言意义也完全不一样。珠宝对大多数工薪阶层是高参与度感性消费，而对于富人来说可能就是低参与度感性消费。可见，想仅仅用产品类别来猜测消费者心理也是很难的。但对同一个时代、同一个地区、同一个年龄段、同一个阶层的人来说，共鸣的东西一定是有的。这就要求文案人员能洞察到人性共通的情感需求。

任何生意其实都是和人做的。了解消费者除了传统调研，就要靠多观察生活，多了解人性，当然消费者参与理论也是一个非常好的了解消费者购买行为和心理的工具。

除此以外，还有一个工具推荐给大家。那就是"**消费者购买系统**"。这个系统是从产生购买的动机开始，到购买后获得使用经验结束，将消费者的购买行为分为：**动机、考虑、寻找、选择、购买、经验**这六个阶段。该系统可以作为"向导"，帮助我们循着每一个环节去洞察消费者。作为文案创意人，我们不能放过每一个环节中与目标消费者沟通的机会和方式。当然这个系统不仅能为文案创意指引方向，对广告传播策略、品牌策略都有清晰的指导作用。它能帮助策略人员、广告创意人员将复杂的购买行为简单化、流程化。具体来说，这六个阶段的每一个环节都能给我们带来启示，帮助我们找到广告传播的切入点。

（1）**动机**。前面章节在介绍需求的时候已经谈到动机是在形成具体需求之前产生的。也就是说，动机或者说欲望才是真正的核心需求。了解消费者购买的动机可以告诉我们消费者为什么要购买这类产品，这对品牌要开辟新品类或者一个新品牌推出新产品是有很大意义的。**动机启动品类需求**，对于新品上市广告、品牌形象广告这类需要明确传达品牌与品类关系的广告来说，对动机的刺激是主要传播目的。

（2）**考虑**。这就相当于消费者已经明确要购买某类产品了，这时候就会有不止一家品牌的同类产品进入消费者的备选范围。那么，这时候的传播策略就该转向于提供品牌独特的利益点。首先要保证你的产品是能满足消费者真正需求的。同时因为在考虑阶段，消费者往往会对不同品牌的产品进行对比，尤其是高参与度的消费，品牌之间详细的差异是会被认真、反复比较的，这就要求文案人员能够了解竞品的传播和营销策略，然后在营销策略和广告传播中给出足够吸引人的利益。

（3）**寻找**。大多数消费者对广告的寻找趋于被动，除非有急切的需求。所以我们需要分析一下你的产品广告信息对消费者而言其寻找的强度如何。我认为消费者对广告信息需求的强度主要与两个因素相关：一个是认知度，消费者对所选产品的认知度越低，对广告信息的依赖越强；另一个是参与度，消费者的参与度越高，寻找信息的强度也会越强。

大家要知道，消费者对广告信息的寻找越被动、对广告信息的依赖度越低，那么你想卖同类产品就越难。这时你就需要考虑消费者在寻找信息的过程中会接触什么样的渠道，你的广告能否让消费者眼前一亮，你的信息是否和同类产品广告一样千篇一律。然后最重要的就是，你要尽可能多渠道、多形式地制造广告信息，包括卖货文案，以及品牌形象广告、公司产品手册、朋友圈广告等。当然每一个传播渠道和传播形式都要考虑同一个问题：如何确保你的信息是能被相信的。

（4）选择。如果说考虑环节更多的是考虑产品的功能属性和带来的功能利益，那么对选择环节影响最大的是品牌的附加价值，品牌的声誉、品牌的形象、品牌的个性、品牌的价值观等是否能够获得消费者的认同。这实际上是在提示我们，你要判断一下你的广告是否只是单纯地宣传了对消费者功能层面需求的满足，而忽略了宣传对消费者心理层面需求的满足。比如汽车，一般除了本身的卓越性能，通常广告都会以"都市新贵""商务精英""单身贵族"等代表某种身份和传递某种价值观的形式来获得消费者的认同。

（5）购买。如果说前面的所有环节都是要求你突出品牌的优势、放大品牌的竞争力、突出品牌的利益点，那么在消费者最后掏钱购买这个环节，你要重点考虑的则是查漏补缺。即找到在渠道、促销、产品陈列、设计包装甚至售后服务等各个影响最终选择的环节，你的品牌呈现的薄弱点是什么，然后去修补。比如对于房产、汽车这样高参与度理性的消费品类，即便你的独特性再强、利益点再有吸引力，售后服务、品牌的信誉、口碑、各种售后保障也都是消费者要认真考虑的。而对于一些日用快消品来说，大力的促销、超值的赠品也会极大地吸引消费者的眼球。

（6）**经验**。这是针对已经购买过产品、拥有了完整的品牌体验的消费者进行的广告传播和营销计划。这一环节实际最重要的是要借助消费者的口碑实现杠杆作用的传播效果。这就需要针对已经购买的消费群体做关系营销，比如升级成为VIP会员、享受一对一专人对接、再次购物享受折扣等。

七、提炼核心传播利益点

这是最关键的。因为产品卖点盘点、品牌背书、消费者洞察都是为了推出核心利益点。我们说卖点的时候介绍过了，卖点的第三个层次是利益层。也就是产品或品牌给消费者带来的好处是什么，要么是满足某种功能需求，要么是满足某方面的精神需求或兼而有之。放到一则完整的广告中，就是这则广告中传播的产品和品牌信息，最希望消费者获得的与之相关的感受、想法是什么。如果是视频广告和篇幅有限的广告，那么只能聚焦于唯一核心的利益点。产品和品牌本身的特点是这个核心利益点的支持点。

如果是电商详情页和微信软文这样对篇幅限制不大的广告，则要尽可能完整地展示产品信息。但这不等于说所有卖点和利益点都同等重要。我们同样需要提炼出最核心的利益点。这和产品最大的卖点是相对应的。

核心卖点对应核心利益点。

辅助卖点 1 对应辅助利益点 1。

辅助卖点 N 对应辅助卖点 N。

当然,其实这一步最难的地方在于如何判断核心利益点,也就是广告最核心的诉求到底是什么。这个点找得是否准确,直接决定了你的广告是否能打动消费者、能否帮助品牌撬动市场。

往往一说到核心利益点,很多人都会想到痛点,先找到痛点再针对痛点给出利益点。这当然是好的。但问题是,并非所有产品都是基于痛点的,特别是当你的产品所属品类竞品特别多的时候,这时候想找到一个能够足够吸引人、足够有竞争力的核心利益点,需要你深入洞察消费者和洞察品牌,还要具有足够的专业技巧,这并不容易,所以很多时候我们写文案需要一个小范围的试错、反馈机制。

核心利益点要与品牌现阶段的定位相符。一则广告的利益点是随着品牌进入市场不同阶段而调整的,所以在确定核心利益点的时候还要了解该品牌处于什么阶段。如果是刚上市的品牌和产品,往往是聚焦于产品本身功能层面和关键属性的利益,其广告诉求常以理性诉求为主。对于已经处于成长后期进入成熟期的产品,尤其是当市场同质化产品较多时,要寻找产品物理层面的独特优势是比较困难的,单纯理性诉求就会受到限制。

因此，对于处于成长后期、有一定知名度或者某些知名品牌的新产品，采用感性诉求的广告更多些。这类文案旨在引起情感、价值观层面的共鸣。但其实到底是采取理性诉求还是感性诉求，最根本的还是取决于消费者当前的需要是什么。比如有些品牌一上来就会采用感性诉求的广告：想推广做饭类的 App，不直接说这个 App 能使你学多少道菜，而说"孤独的人都要吃饱饭"；推广减肥产品时，不直接说减多少斤，而说"怎么办，你的情敌又瘦了"；劝你在大城市周边县城买房的时候，主广告语不是一上来就说房子距离城市多近，多么适合投资，而说"只要和你在一起，爱在哪里家就在哪里"。

可见，采用哪种广告诉求真的是要多方衡量的，因为一则广告的核心利益点，或者说广告诉求，基础就在于消费者的需求。而需求的产生源于对消费者需要的刺激。可以说，消费行为就是源于消费者的各种需要。而消费者的需要是不断变化的，即便是对于同一类产品，不同时代、不同环境、哪怕是不同季节都会影响消费者的关注点。所以我们还要根据消费者的需要变化及时更新广告主题。总的来说，人的需要是由一个从低级需要到高级需要转移的过程，你要判断你当前的广告类型到底满足消费者的哪类需要。怎么判断？可以参考前面介绍的工具：消费者参与理论和消费者购买系统。

若希望提炼的核心利益点能够吸引消费者，除了要了解消费者的需要和需要的动态变化，以及产品本身的属性类别及所处阶段，还要对竞争对手的广告主题有所把握，而且这也是一条捷径，因为我们做广告就是希望彰显自身的独特。寻找一个竞品广告中没有的诉求，满足尚未被满足的需要能帮助品牌快速占领消费者的心智。

大家一定要注意，不要觉得核心利益就一定是与产品实体层面有关的功能利益，通过感性诉求传达的情感利益依然可以作为核心利益去传播。因为基于品牌的购买本身就是多方面的因素带来的，除了功能利益，情感倾向、自我个性、品位彰显等心理因素也是会影响消费者的购买行为的。聪明的做法就是要结合传播策略，同时满足消费者对"里子"和"面子"的需求。

八、传播调性

这一步是要考虑广告文案用什么样的语言风格。因为同一件事，不同的人说会有不同的效果。有的人风趣幽默、有的人严肃认真、有的人简单粗暴、有的人清新婉约……广告传播的调性一要看甲方公司的要求，二要看品牌自身的定位和人群特征。

除此之外，文案的调性还要结合传播媒介。因为也不乏一些一贯严肃的品牌愿意"放下身价"走亲民路线，通过直播、自媒体平台与受众接触，这时候广告就要更接地气一些。所以传播的调性并非一定要遵从品牌本身的样子，最好能多听听甲方公司的需求。如果甲方公司没有特殊需求，那么通常要做的就是首先分析用户属性，知道文案写给什么人看，在头脑中建立一个明确的用户画像；然后用目标用户熟悉的语言风格和他们沟通；其次就是看媒介。

通过什么媒介传播、用什么样的广告形式很重要。 因为对于同一个产品，如果在电商平台撰写详情页，那么目的就是通过展示商品的价值促进销售，文案就需要多方面展示产品本身的实际功能层面的利益。而如果换一个平台，可能就是采用讲故事的方式来代入产品，曝光品牌。这时候文案的风格调性自然是不一样的。

九、文案逻辑顺序梳理

前面八个步骤是搭建文案框架之前的准备工作，也是我认为一则创意简报中应该具备的内容。从这一步开始，我们要真正开始广告文案的框架搭建了。卖货文案对逻辑的要求比一般文案都更高。因为它其实是一个不断说服顾客的过程。文案人员无法直接面对顾客，无法看到顾客的表情和身体语言，所以必须使文案的整体逻辑符合顾客看广告的心理过程，让文案起到引导顾客下单的效果。

要梳理文案的逻辑顺序，首先需要了解广告文案创作的基本格式是什么。有时候你接到的任务是写一个广告语，有时候是写一篇软文,有时候又是硬广。如果你不了解一则完整广告的结构就会感觉晕乎乎的,以为广告就是写广告语或者就是写故事。

一则完整的广告是由四个部分组成的:广告口号、广告标题、广告正文、广告随文。之所以这样划分是因为广告最先是在平面媒体时代兴盛发展起来的,所以就沿用了平面媒体广告的格局划分。但这并不是说每一条广告都要完整地包含这四部分,根据文案形式和媒体的不同,有的广告会缺失其中一部分或多个部分。这是因为广告的表现形式是没有一定之规的,追求创意和不同本身就是这个行业的特性。只要能达到传播目标就是好的文案创意。但是,没有一定之规是对真正的高手和创意天才而言的,对于初学者来说,想在广告这条路上走远,建议大家还是要脚踏实地修炼内功。

了解广告文案的基本构成对指导写作,尤其是指导初学者写作很有必要。广告口号,或者叫广告语,是一则广告中最能体现传播策略的信息。广告语就像品牌的眼睛一样,是关于品牌的核心价值的总结,它代表品牌在一定时期内的理念,向消费者传达一种品牌长期的观念。广告语不一定与一则具体广告相关,它通常与企业LOGO一同出现。

广告语分为三类:

第一类是企业层面的广告语,主要作用是形象和理念的传达,比如格力的"让世界爱上中国造"、雀巢的"选品质、选雀巢"。

第二类是产品层面的广告语,主要是传达某一企业品牌旗下某一具体产品的独特定位,比如雀巢咖啡的"味道好极了"、美的空调的"一晚只需一度电"。

第三类广告语既代表了企业品牌形象又传达了产品的独特定位,这种情况是因为该品牌下的业务并没有细分,比如真功夫的"营养还是蒸的好"。

后两种是卖货文案经常涉及的。**虽然广告语的用法有不同,但好的广告语都有相同的特征和要求:比如要朗朗上口、能被记住等**。关于广告语的一些写作技巧和原则在第九章会详细介绍。

如果说广告语是整个系列广告的统帅,能够在一定时期统领一个品牌的广告核心概念,那么广告标题则是在某一个具体广告中那个用来吸人眼球、引发兴趣、快速传递信息的重要所在。广告标题有多种形式,对于软文广告,它就是我们用来引人关注的、担负"眼球效应"的"噱头"。当然对于想达到 10 万以上阅读量和转发量的自媒体文章,标题也起着同样的作用。如果是视频广告,那么开头的几秒钟内容其实就相当于软文或硬广的大标题。

广告口号和广告标题在广告中的作用同样重要。但口号是担负长远的传播价值的,体现的是品牌的理念和企业的形象,而标题则是一则广告的关键,体现的是广告的传播主题。**标题直接决定读者有没有兴趣仔细阅读你的广告**

内容。**在设计排版中，标题要么是字体最大要么是形式最特别的。**

当然有时候广告标题和广告口号是合二为一的。这是因为产品新上市的时候，品牌还未形成足够的影响力，这时候产品就是品牌。后期，当这个品牌旗下的产品线更丰富的时候，就需要品牌箴言（品牌广告语）来诠释品牌了。

广告正文自然不必说，是进一步解释广告标题的，是广告文案中最重要的部分，是一则广告的真正主体。我们前面对产品的卖点提炼、对消费者的洞察等都需要体现在正文里，这是真正考验广告人写作功底的部分。

广告正文的表现形式和广告标题直接相关，因为标题一般来说就是传播主题。标题的风格、表现手法将直接影响正文。所以，正文在表现上要么是直接延续标题的故事性，要么是直接客观地陈述产品的利益，要么是与消费者直接互动……形式并不受拘束，广告人可以充分发挥自己的创意。

广告随文是指我们随着广告文案附加的一些关于产品、价格、促销、地址、商家的信息。随文并非每条广告都会有，一般来说也不会放在显眼的位置。**但如果是关于利益承诺、特价信息、限时折扣这类与消费者利益直接相关的随文，则会非常醒目突出。**

以上是一则完整的广告包含的四个部分。任何广告都可以由这几个部分组合而来，我把它称为文案的形式框架。

第八章 卖货文案落笔撰写步骤

文案的形式框架

口号　标题　正文　随文

除此之外,想要广告真正发挥作用:引人关注、让人记住、促进销售,还需要一个真正内在的逻辑指引,我把它叫逻辑框架。

文案的真正逻辑顺序,从营销层面来说,就是一个先吸引顾客,然后不断预测问题并解答问题的过程。这和商场购物是一样的。首先顾客需要被你的招牌吸引,所以文案第一部分一定要引发顾客的兴趣。什么才能使顾客产生兴趣呢?一定是刺激了他的需求。所以,文案逻辑框架的第一步就是通过明确的利益或有代入感的场景来引发顾客的兴趣、刺激需求。当确定这则广告要传达的核心利益点时,就需要围绕这个利益点去想象、描述诱发需求的场景。最重要的是找到消费者在场景中的痛点,但如果不是痛点也没关系,只要是和核心利益相关的,只要能引起消费者的关注就可以!

卖货文案的5步逻辑框架如下。

1. 利益切入:引关注

包含模块:

(1) 标题或是核心广告语。

(2) 与痛点相关的或者与核心利益相关的简短描述:副标题、引言等形式。

（3）销量数据、良好口碑、对吸引关注最有利的素材。

无论你的文案是在什么媒介进行传播，采取什么样的形式，第一步都需要先吸引关注。怎样快速获得关注呢？有两个途径：一是文案直接与消费者的需求相关，比如直指他的痛点；二是文案要有足够大的诱惑力，比如超市大减价时总能吸引很多人，哪怕没有特别着急要买的东西也要去逛逛。

至于是描述痛点还是直接给利益，要结合具体产品来说。如果你卖的就是口红，产品本身的特点也比较大众化，那么就不适合用痛点，除非你的口红真的是克服了行业中的技术难题，比如最大的特点是带妆持久、不掉色、不粘杯，在这方面有足够的优势，那么通常在标题部分就会直接带出产品的特性了，核心广告语可以是"××牌口红，**吃喝随意不掉色，一天不补妆**"。

如果你不想从技术层面的点切入，就需要找到其他更能吸引人关注的点："×××明星都在用的口红，全网销售**破10万支！谁涂谁是女神**"。

再比如豆浆机的核心卖点是"一键预约"，那么在利益切入模块，就要把一键预约带来的直接利益指出："**每天多睡1小时，起来就能喝豆浆**"。但在描述的时候，有一个原则是要故事化、口语化。始终记住，任何文案首要的目的就是让读者产生兴趣、引发关注。所以要么是点出他遇到的困难,要么就是直接给出一个让他欲罢不能的利益。

总之你需要记住,这一步就是要吸引关注。因为在现代传播中,观众已经不再是只能被迫接受信息的对象了。不论做什么类型的广告,第一步都是想办法吸引关注。

还有一点要注意,"吸引关注"这一步,通常是文案的标题和口号在发挥作用,但基于不同的媒介,其代入方式也会有不同。如果是电商详情页,那么标题和口号往往都比较直接、利益明确。而如果是微信公众号软文类的广告,标题一般还会结合热点、具有故事性,看起来不像广告。

2. 场景植入:带需求

包含模块:

(1)具体描述产品应用的场景,尤其是缺乏产品给消费者带来的问题。

(2)有了产品后,良好的体验和感受。可以结合案例讲故事。

(3)引出产品的核心利益点和适合的人群。

从这一步开始其实就到了广告的正文部分了,只不过我把正文按一定顺序进行了模块拆分。在场景植入部分,还是延续前面"引关注"的作用,继续通过具体场景的描述,将消费者代入唤起共鸣的情境中去。

不过大家千万不要觉得一说到场景就代表一大段的文字描述和一个完整的故事叙述,并非如此。**大家一定要明**

确一个概念：场景化 + 具体化 + 故事化 + 口语化，这些是卖货文案要始终贯穿的原则。任何一句广告语、一个卖点、一个利益点都需要依照这个原则来做指引。

在引出产品的核心利益点和适合的人群时，要注意的是内容表现方式和语言技巧。表现方式是因媒介和创意的不同而变化的。如果是在自媒体上写软文，那么通常人群和利益的描述细节可以多些，因为人们习惯读故事；如果只是一张海报或者电商广告，那么通常就选取最典型的场景和最典型的人，用凝练、准确的语言去表达。

无论是在什么媒介进行表达，都要注意始终用目标消费者听得懂的语言，并且口语化，不要卖弄辞藻。

3. 产品导入：讲功能

包含模块：

（1）核心卖点，对核心利益点的深入诠释（什么样的技术、材质、设计等才使得产品具有如此性能）。

（2）次要卖点和次要利益点。

（3）对比。（正向对比和反向对比。大家都有的你为何更胜一筹，别人薄弱的环节你是如何克服的。当独特卖点特别突出的时候实际上对比就已经很明显了，但很多时候产品的独特卖点可能火力不够，这就需要从性能、价格、品牌、售后等任何可以体现优势的地方强化说服。）

这一步属于内文中对核心利益点或者广告传播点的佐

证。注意，因为卖货文案的目的就是促进销售，所以我们要尽可能全面地展示产品。只不过我建议把产品最独特的优势和随之对应带来的消费者利益放在最前面。然后依照主次顺序全面展示产品的信息，形式可以是文字、图片、视频等。在展示产品的过程中，还可以进一步对比。强调自己的产品相比同类产品更具优势的地方。可以是价格、可以是售后、可以是品牌，不要认为消费者自己会对比，你要直接告诉他。

4. 权威背书：赢信任

包含模块：

（1）客户评价。

（2）品牌大事件、品牌历史、品牌代言人等。

（3）获得的荣誉。

（4）品牌背景故事。

信任是贯穿广告始终的，对促进销售有帮助的信息都要提前展示。如果消费者看到你的标题就决定购买，岂不是更好？

5. 全面信息：促成交

包含模块：

（1）利益承诺。

（2）促销。

（3）答疑解惑。

(4)售后。

(5)订购的便利。

这一步很像是文案形式框架的随文部分。它在卖货文案中起到临门一脚,促进快速成交的作用。可别小看这一步。有时候即便利益介绍得再诱人、产品功能讲得再全面,如果消费者本身对价格比较敏感,然后你的售后和承诺又没给出定心丸,消费者也会放弃。就好比在商场推销员已经把你说心动了,你也觉得这个包真好看,但就是觉得价格有点贵,无法说服自己。这时如果推销员告诉你,这是全球限量款,买十个普通包都不如买这一个包有面子,只有真正有品位的女士才会背这款包……你或许就会狠狠心,一咬牙,告诉自己:买!

第二节 素材填充,先让文案活起来

这一步实际上就是将我们在创意简报里分析的内容按照列好的文案框架装进去。

首先,先把文案的形式框架列出来;其次,把文案的逻辑框架依次套在形式框架里。

广告口号

利益切入:引关注

是否提炼广告语,是关于企业品牌的还是关于具体产品的。

广告语1：

广告语2：

广告语3：

广告标题

利益切入：引关注

标题类型：引发兴趣和直接利益两大类型，每个类型下面又可以进行细分，关于撰写标题的技巧将在第九章介绍。

标题1：

标题2：

标题3：

……

标题N：

标题可以多起几个，然后测试。

广告正文

场景植入：带需求

遇到什么困难（或者有什么向往），解决什么问题（带来什么体验），有什么变化。

产品的核心利益点 + 核心人群 + 核心支持点的陈述：故事化、案例化，但不代表一定要描述全部细节，只需选取与主题最相关的细节。

产品导入：讲功能

核心利益点和核心支持点的深入阐述。

次要卖点和次要利益点。

全面对比。

权威背书：赢信任

与产品核心功能和文案利益点最相关的背书放在前面。

比如客户的真实评价、销量、行业的权威认证等。

广告随文

全面信息：促成交

这个部分其实是最好填充的。**这里需要提醒的是，在刚接手文案撰写任务时，你可以对产品价格有个判断，因为价格策略会影响文案的整体创意。**如果产品价格明显高于同类产品，那么你的产品的定位要相应调整。如果产品价格和同类产品持平，那么你的产品的独特优势就要特别突出；如果产品价格比同类产品低很多，你要判断是短期促销，还是长期策略。**无论是短期促销还是长期策略，价格很优惠这点都可以放大，但是你的文案中一定要有合理的解释。**

至此，一篇文案的初稿就形成了。但这时你的文案只是看上去丰满了一些，你的头脑里有了一些基本的框架、概念，想让你的文案逻辑通畅、有销售力，还需要进一步优化。此刻你可以把能完善的模块先尽量完善好：案例的选择是否恰当、利益点的提炼是否精准，以及权威背书这部分，关于品牌的故事、历史、各项认证、客户评价等这些信息尽可能语言精练且具有感染力。当你不能通盘看全局的时候，就先把各个模块做好。每一个模块的内容都是构成完整文案的素材，就好比我们做菜之前需要先择菜、洗菜、切好备用，准备越充分，真正起锅烧菜时越不会手忙脚乱。

第三节　优化取舍，让文案自带节奏

优化取舍这一步的难度一点都不亚于从头到尾撰写文案。这是编辑修改的过程，也是最能考验文案功底的地方。哪怕你知道了写作的套路，也掌握了框架，如果没有深厚的文字功底和写作经验的加持，可能还是无法写出让人拍案叫绝或忍不住下单购买的文案。

对文案的优化，需要从两个方面着手：一是从形上来说，打磨框架，包括逻辑、布局和节奏的调整；二是从神上来说，就是处理修辞、文体、情绪。

一、优化外形——逻辑、布局、节奏

能卖货的文案一定是带有内在的严密逻辑性的，这个逻辑其实包含两个方面：一方面是指前面介绍的撰写文案

的逻辑框架，可以分为利益切入、场景植入、产品导入、权威背书、全面信息5步。我们可以在充分了解产品和目标人群之后，将提炼的信息按照这个框架填充进去。接下来，就需要对这个框架的内容从头到尾做个检验：利用AIDMA和AISAS法则。

AIDMA法则，是指消费者从看到广告到达成购买，这期间会经历的心理变化进而引发不同的行为。当然，这并不是我提出的，而是由广告学家E. S. 刘易斯早在1898年就提出了。虽然历经百年，今天来看依然具有指导意义。

A（Attention，引起注意）：提示商家需要先引起消费者对产品的关注。吸引的方式可以是广告或体验营销的方式，首先使你的产品能被消费者看见、关注、建立感知。

I（Interest，引发兴趣）：提示商家需要提供更多关于产品和品牌的信息，使消费者产生兴趣。怎样才能产生兴趣呢？一定要与消费者切身利益相关。但要注意，你的文案内容不能是哗众取宠、纯粹为了"眼球效应"的，而要与产品本身相关。

D（Desire，唤起欲望）：产生兴趣后，消费者会有进一步全面了解产品的欲望。这时你就需要提供足够的购买理由，展示产品的独特优势，最重要的是要打消顾虑，建立信任。

M（Memory，留下记忆）：通过前边3步，消费者已经具有了购买动机，但并不一定会立即购买。因为如果是高参与度产品，比如大件电器、房子、车子，消费者一般不会冲动购买，而是会记下你的品牌，然后去货比三家。这就提示我们，要能够主动预测消费者的疑虑，并对竞品的信息了如指掌。知道消费者选购的重点是什么，你的产品是否能满足，和其他品牌的产品相比你的产品的独特之处在哪。如果确实在某方面无法满足消费者的需求，那么可否通过综合优势来弱化单点不足。比如你卖房子，除了地理位置稍远，房子在价格、户型、面积等方面都很有优势，那你的文案里一定要对此进行综合对比，用综合优势来弱化局部不足，不可以刻意隐藏不足。

A（Action，购买行动）：经历了引起注意、引发兴趣、唤起欲望、留下记忆后才会真正进入购买阶段。此时的重点是推消费者一把，购买方式的便利、售后服务的保证、限时限量的稀缺感、小礼品回馈等都可以帮助消费者快速下单。

AIDMA 是一个经典法则，它揭示了顾客从看到广告到购买的心理过程。但它更适合传统的线下实体消费场景，或者是互联网未兴起之时，被动接受广告信息的时代。如今，人们的购物很大一部分已从线下转到线上，对产品的了解也从被动接受广告到主动搜索相关信息，AIDMA 无法涵盖网络购物的决策过程了，因此诞生了 AISAS 法则。

AISAS 法则首先依然是引起消费者注意（Attention），接着是引导消费者对产品产生兴趣（Interest），但在互联网尤其是移动互联网环境下，消费者通常不会看到广告就直接产生购买欲，哪怕已经对产品很感兴趣。想想我们在网上购物时，如果看到一件衣服很漂亮，第一步的动作是什么？要么是收藏要么是先加入购物车，但并不会立即购买，而是会去搜索（Search）。

搜索的过程就是一个全面了解、对比的过程。对比价格、对比品质、对比包装、对比物流，了解品牌的口碑、用户评论等都是在搜索的过程中进行的。这个过程可能会很长，而且有很大可能是在搜索了解的过程中消费者的注意力就被其他同类产品所吸引了。

这就提示我们，在互联网时代，品牌需要主动和消费者建立互动，不能一味单向输出广告，而要加强沟通，及时了解消费者的喜好和顾虑。在广告中，主动为消费者提供解决方案，不要只看产品，而要看到消费者急需解决的问题是什么。树立专家形象，增强信赖感，在产品之外建立情感联结，尽可能缩短消费者的决策过程。

当你超出期待地帮助消费者解决了一个问题、完成了一项任务时，行动下单（**Action**）自然不可少。不仅如此，消费者还会将体验分享（**Share**）出去。在互联网时代，广告还要提供给消费者一个分享的理由。好玩有趣、情感共鸣、价值观输出、彰显身份个性、利益诱导都是促使"转发分享"的开关，检查一下，你的广告中有这些小机关吗？

按照以上法则检查文案的逻辑后，自然而然也会对文案的布局进行调整。什么是布局呢?就是文案中各个元素的摆放、归位。也许你会说,这不是设计人员要做的事吗?还真不是。**对于销售类文案,从头至尾都是经过严密设计的,能体现营销心理和销售技巧,每个元素都像一个角色,文案人员就像是导演,你要非常清楚每个角色在一场戏里担负什么任务。**

怎样才算是合理的布局呢?其实就是将文案的逻辑框架和上述 AIDMA 或 AISAS 模型去对照,看看每个部分的位置是否合理。

当然,并非所有的购买过程都是完全按照模型来进行的,有些购买过程很简单,"AIDA"即可直接结束。你最需要确认的是,看完整个文案,是否有一种让人欲罢不能的感觉,从标题到口号、卖点、案例、品牌背书是否紧扣核心诉求点。

作为文案人员,在将广告文稿交给设计人员之前,需要将整个设计页面的逻辑勾勒出来。比如大标题加粗、字号放大,紧跟着是小标题;你希望用什么样的配图、图片怎么摆放;特别是段落标题(模块标题)与下面的内文之间的关系,不同的文案素材之间有一定的逻辑关系,你应该在文档页面有一个基本的交代。

你要保证,当设计人员接到你的文案时,不会是一堆密密麻麻没有层次的"文章",而是主次分明、段落分层有序、每个主题之间逻辑关系明确的初步排版布局好的广告样稿。

什么叫主次分明，就是一定要用最重的笔墨去描写产品最核心的卖点（利益点），可以有其他附加卖点，但要按优先级进行排列。

通常来说，通过对比同类广告你是不难发现其中诉求点的规律的。我认为，任何广告都可以秉着"人无我有，人有我优"的原则进行检查。别人都在宣传的点，你是否有独特优势，如果没有那么请换个角度。

关于节奏：一是采用长短句组合，小短句后跟着大长句，反之亦然。二是尽可能删掉多余的副词、感叹词、形容词等，最好用动词和名词串联起整篇文案。

二、优化神韵——修辞、文体、情绪

有些人很有谋略、懂策划、会分析市场，但未必能用精准的语言把自己的思想表达出来。这就是广告修辞的魅力。但是，广告学里的修辞绝不是玩弄文字，比如谐音梗之类。而是通过简单的字词、简短有力的句子就能组合出撼动人心、让人忍不住行动的广告语。这并非一日之功，而是需要刻意练习。大家只需要掌握一个原则：不要卖弄辞藻、堆砌华丽语句，也无须刻意寻求对仗工整。你最需要在意的是，你的广告语言是否清晰、直白、易懂，是否符合目标受众的语言习惯。能一句话表达就不要多说第二句，不要害怕句子结构不完整。

优化取舍还要确定一下文案的文体。因为文体会直接影响广告的风格甚至直接影响受众的情绪。记叙文、议论文、说明文、应用文和诗歌是文体的五大类型。但广告其实并无固定的文体，一篇文案通常是多种文体的组合。比如广告口号可以用朗朗上口又富有诗意的"悠悠岁月酒，滴滴沱牌情"这种诗歌文体，而到广告正文就可以采用散文叙事或直白的说明文方式了。

一般来说，卖货文案常用的文体主要是说明文以及叙事类、抒情类的记叙文，有些还会采用富有创意的应用文，如书信或者日记等形式；如果是音频、视频类广告（广播、电视的形式），则多半会采用富有戏剧性的手法，比如相声体、情景短剧等。

当然，正文部分到底采用什么文体形式其实并非可以完全天马行空。是什么决定了文案的文体和风格呢？我认为首先是对目标消费者的洞察。

广告的目的是为了引起目标群体的关注，随之是记住，所以一定要考虑他们的接受程度。如果目标消费者是小孩子，广告无论是视频、音频还是图文形式，风格都不能过于严肃和死板，在这方面步步高点读机的视频广告就很有代表性。

相信不少80后和90后都会记得那句广告语："步步高点读机，哪里不会点哪里，妈妈再也不用担心我的学习！"

类似的还有娃哈哈的:"妈妈我要喝,娃哈哈果奶!"真的是童年记忆!

除了对消费者心理和行为的洞察,并用他们喜闻乐见的方式去沟通外,在撰写任何一篇文案之前还需要对发布在什么媒介以及广告的表现形态做到心中有数。你的文案是不能脱离具体的媒介去随意发挥的,因为媒介本身就代表了广告的形式和风格。**广告的效果 = 创意 × 媒介,当大部分广告创意都很一般时,是可以通过媒介创造差异的。**

你需要判断,你的文案形式和风格与目前的媒介相符合吗?如果你想创新,真的合适吗?上豆瓣和上知乎的、用微博和用微信的、刷抖音和玩快手的……不同的媒介因为受众群体本身有区别,所以广告的形式和表达方式可能就会有差别,需要你认真做好功课。

比如之前很多报纸广告多采用新闻式或者故事式,使得广告本身和报纸融为一体,增强可读性。这和现在人们发布在自媒体上的卖货软文,先是用新闻热点、故事案例切入,然后慢慢引出产品如出一辙。再比如同样是带货主播,哪怕是对于同一件产品,每个人的表达风格也是不同的,这也是"媒介"本身的特质。

什么是情绪呢?就是通篇文案看上去,有代入感吗?有些文案布局合理、逻辑严密但并不吸引人,原因就在于情绪处理不到位或者情绪是错误的。就好比,同一个笑话,有的人讲就好笑,有的人讲就让人没有感觉。情绪是一种短暂的情感,容易唤起,也容易消逝,煽动情绪是一种软实力,需要我们洞察深刻、用词精准。

检查情绪需要从整体来看。就是通读你的文案,情绪是振奋的、幽默的、轻松愉快的还是深沉厚重的,不同的情绪带给人的感受是截然不同的。

情绪和媒介特性、传播主题、广告创意以及品牌个性都相关。如果你的品牌一直都以高冷自居,但你的文风突然转变得诙谐幽默,那你一定要获得品牌方的认可。比如奢侈品的广告,用词通常是精简并且有些华丽装饰的。"尊享""奢享""品鉴""臻享会员""豪华礼遇"等类似的字眼,似乎与我们一直强调的要直白、浅显表达的观点有所出入。其实,奢侈品之所以用这样的字眼,目的并非卖货,而是透过这些字眼传递自身的个性、彰显身份、输出价值观。它们需要通过考究克制的用词,传递一种稳重、平缓的情绪。

对于一般消费品来说,很少会用这样的字眼,因为一般消费品购买大多是冲动购买,能瞬间带动购买热情才好!所以一到大促搞活动,从版面、字体、用词都会营造"热烈""优惠""热销""全民疯抢"的氛围,这样大众会不自觉地受到情绪的牵引。

第四节　包装设计，媒介语言为文案助攻

俗话说："人靠衣装马靠鞍。"当我们出席重要场合或者与心仪的异性约会时，都会精心打扮一番，为的是让自己得体出众，给别人留下好印象；给朋友送礼，即便只是日常用品也会用上精美的包装盒，以突显自己的心意……包装设计的魅力无处不在。而广告的目的是吸引和说服消费者，更离不开包装设计的助攻。

对于卖货文案来说，包装设计主要体现在广告的排版设计上。产品的包装我们可能无法左右，但广告的页面布局以及色彩、字体、配图等搭配都是文案人员要和美术设计人员一起来协调作业的。这点不仅是必要的，也是必需的。因为对于销售类广告来说，广告页面就是一套说服逻辑。哪些利益点需要重点体现，哪些素材做成图片能起到辅助佐证的效果，作为文案人员应该比设计人员更清楚。卖货文案的页面就像是精心烹饪的一桌菜，主菜、配菜、开胃菜、饭后甜品都有各自的职责。

最常见的卖货文案有两种形式：一是电商平台的详情页，二是发布在报刊和网络自媒体上的软文。

电商详情页和软文在版面设计上要注意以下四个原则。

一、核心利益一眼就能看见吗

这尤其体现在直接卖货的电商详情页中。你需要把产品最突出的利益点放在最显眼的位置，最好是做成海报的样式，要有视觉冲击。因为去网上购物的人通常是主动搜索、目的明确的。有了需求才会去主动搜索，是否能让顾客在你的页面停留，第一眼非常重要。一定要把最核心的利益、最重要的信息放在最显眼的位置。可以多找几个旁观者来看看，大家一眼看到的内容是不是你的文案中最想表达的利益点。如果大家的说法不一致，那就说明要么是核心利益点不够突出，要么是信息太分散，记忆点太多。

二、所有重要信息都能一眼看完吗

不看内文，仅凭大标题和小标题，就能把整个产品的核心利益点、独特优势、心动价格、品牌的优势等重要信息都掌握，而且整个页面并不显得杂乱，整个阅读过程轻松自然，忍不住从头到尾把信息看完。如果是这样的感觉，那这个页面起码是合格的。好的设计人员可以将60分的文案变成80分，因为有时候一句话可能看起来很平淡，但通过设计人员的巧手装扮，平淡无奇的文字也能立马灵动起来。比如图8-2是一款空气炸锅的详情页面，通过突出、闪耀的字体我们可以很直观地感受到"大容量"的核心卖点。

图8-2　空气炸锅的详情页面

这其实利用了一个心理物理学的原理：刺激要达到一定强度才能引起机体的反应。对于广告来说，为了增强效果，广告人往往会采用大尺寸的广告、大的字号来吸引注意。不过这并非意味着"越大越好"。因为广告中某些元素的大小需要考虑和其他元素的对比。"大"不是目的，对比突出，达到"万绿丛中一点红"才是根本。

所以，当你想突出某些信息元素时，不能单纯地通过放大来实现，还可以通过字体变换、颜色变化、页面明暗来达到增强刺激强度的目的。

三、文字与配图符合黄金分割法吗

黄金分割法在生活中已经被人们广为应用。科学实验证明，人们无论是在审美方面，还是在接受信息方面，最容易接受符合黄金分割法的图片和信息。美国广告学家斯塔奇认为，能够引起注意的广告图画或口号的最恰当位置在以下几处：

（1）视觉中线。根据"黄金分割比"，广告上半部分和下半部分的比值为 0.618 的比例中线为视觉中线。

（2）视觉中线上部。

（3）视觉中线下部。

（4）近上端部分。

（5）近下端部分。

良好的版面设计要遵循均衡、对称和统一等原则。

四、卖货软文的设计排版原则

从 20 世纪 90 年代中后期直到现在，软文曾经以较低的成本为多个产品创造了销售奇迹。诸多行业都喜欢把软文当作推广利器，我国的医药保健品行业更是把软文策略运用到了极致。

以前，软文的主要阵地是报刊。彼时常见的排版风格是：软＋硬的组合，即一部分内容和报刊结合紧密，以故事、新闻做大标题。不知情的读者以为就是报刊本身的内容。"软"的部分介绍完毕还会有硬广告。

据调查，市场上最能卖货的软文都是软广告和硬广告适当配合的。而且，软广告和硬广告篇幅的比例越接近黄金分割比，软文越具有杀伤力。

另外，在文字的安排上，也要互相穿插，理性和感性相结合。在认真剖析机理后，就要配上生动、形象的案例或直接给出利益。同理，当发现感性的因素过多时，就要适时收敛，放出证明产品质量、体现产品功能优势的证据。

如今的软文，已经从报刊转到了微信公众号。但仔细观察你会发现，其实微信公众号中的软文和之前发布在报刊上的软文并没本质的不同。唯一的区别就在于，通过微信公众号，我们可以很直观地了解目标人群的感受，很直观地知道这篇软文是否受欢迎，以便能快速改进。至于排版，当然也需要从形式到内容上与微信公众号进行融合。

第五节　整体检查，精雕细琢一气成交

一、检查细节

检查细节包括检查品牌的 LOGO、标点、错字、语法等。排版设计过程中有时候很容易会丢下一些元素，设计人员要和文案人员配合，有些内容如果能用图片清晰明了地表示，那么就不要用大段的文字表示。比如一些流程图、机理图，通常用文字描述都是成段的文字，而把它们图形化会使版面更加清晰。

二、巧用金句

金句可以起到画龙点睛的作用。哪怕只是一句话、一个词都会使平凡的文案生出光彩来。文案人员需要与时俱进,对当下热点、新潮用语、社会新闻都非常敏感,很多时候,你的文案如果能够结合一些热点关键词,则会大大增强可读性。巧用金句和借势营销很相似,大家要善于借用关注度很高的关键信息为自己的文案赚流量。

三、避免陈词滥调

所谓陈词滥调,就是大家都在用、毫无生趣、听起来没有感觉的词句。

比如想说一件衣服合身,如果你通篇就用"非常合身",那就是陈词滥调,你完全可以把"合身"这个词换成"突显 S 曲线""衬托玲珑身形"。又如,你想形容一个手提包容量大,能放很多东西,如果只是说"体积非常大",那就让人没有感觉,把"非常大"换成"特能装",再配合笔记本电脑直接放进包里的图片,要比空洞的"非常大"更有说服力。除此之外,别人都在宣传的卖点,你如果也是完全仿效,那也是陈词滥调。

四、功能形象化

形象化和具体化意思相近。前面我们说场景文案的时候也介绍过。当最后检查整篇文案的时候,你可以从标题到内文逐句对照,看看哪些地方能具体而未具体,能形象却抽象。

什么叫具体和形象?很多年以前,广告大师就告诫我们:"不要卖牛排,要卖滋滋声"。赋予产品与生俱来的形象化描述,让消费者与文案产生互动,才能让产品轻松地完成"惊险的一跳"。将产品功能形象化、具体化不仅是一种技巧,更是一种战略思想。

关于具体化,如果说一个笔记本电脑非常轻薄,可以具体化为"轻约1.5千克,薄约20毫米"。而关于形象化,可以是在具体化的基础上再进一步,"出差通勤,就像随身带了手写日记本一般,毫无负担"。再比如形容充电宝很小,与其形容它的尺寸,不如直接说:"可以像口红一般放进钱包里"。产品功能形象化一直是产品策划的核心,不仅体现在文案内文,在产品核心概念的提炼等多个环节中也是如此。比如"洗肺""洗肠""洗血"等,都是在将产品功能形象化。

五、语言通俗易懂

所谓通俗易懂，意思是不要用高深、拗口的语句。无论是广告语还是内文都要力求让受众听得明白。特别是对于大众消费品而言，要以口语化的方式，浅显、直观、生动地写文案，并且通过举例子、数据化等手法引导消费者。切忌复杂、不直接、抽象。

六、雅俗正确转化

前面说了俗，现在说说雅。文案要通俗，但这个通俗其实是以细分之后的消费者特征和所推荐产品的特性为基础的。举个例子，如果你的细分目标对象是功成名就的大老板，而且推荐的是茶具这种本身带有文化内涵的产品，那么你的文案语言和卖给家庭主妇的厨房用品的语言风格肯定是不一样的。文案和纯粹的文学创作不一样，不能随心所欲。文案是俗是雅，并没有一个绝对的标准。时而贵浅、时而贵深，可俗可雅，根本在于产品特性和细分人群特征。只要你的目标人群可以听得懂、喜欢听，那就没有问题。

七、先关心人再推出产品

新产品上市，如果是有发明创新的产品，比如肿瘤特效药、一抹皱纹立即消失的化妆品等稀缺、独特、绝对针对痛点的产品，那我们可以在文案中直接说出产品特性。除此以外，我们日常所接触的产品，要么仅仅是局部工艺的改进、要么是增加了新成分、要么是添加了新口味，或者干脆就与同类产品并无太多明显差异。这时候，最好的策略其实并非直接以产品的功能或者改进的工艺、口味等差异作为切入点大说特说产品的独特优势，而是先从激发需求开始。

何为激发需求？我们知道营销就是创造和满足需求的过程。当消费者没有需求的时候，或者需求很容易被一堆同类产品满足时，你要做的是要主动引导他，激发他想要尝试新产品的欲望。

还记得前面是如何介绍需求的吗？需求分为：需要—动机—需求三个层次。需求首先是源于生理或心理的需要。马斯洛的需要层次理论也告诉我们，由低到高的需要变化是人性中天然存在的，换句话说人是不会满足的。同时，人性又是懒惰的、不愿改变的，除非真的让他感到了"缺乏"。"缺乏"包含两种状态：一种是缺了它，不完美；一种是有了它，更完美。

仅仅有"缺乏"是构不成需求的，还必须有目标物，形成欲望或动机。所以，当你推荐一款新产品时，你首先要向消费者提示缺乏感，然后才是描述产品将如何弥补他的缺乏感，以及带来更多的满足感。

你可以判断一下，你的产品对消费者而言，是改良现状用的，还是美化未来用的。

改良现状，就是指出他的现状的问题，让他意识到不足。比如"职场精英都会选用一款高配笔记本电脑，而你还在用低配凑合吗？""你每天出入星级写字楼奋力加班工作，是为了每天省几十元的专车费吗？"。

美化未来，就是让他对理想充满期待，看到变得更好的样子或者直接体验。比如旅游景区广为流传的"不到长城非好汉""五岳归来不看山，黄山归来不看岳"其实就是典型的制造期待的策略。按照这个思路，我们还可以举例："答应我，没到这家吃过×××，先别说你吃过×××""没穿上这件裙子之前，不知道自己还可以这么美"。

第九章
强化理论及技巧分享

第一节　广告传播策略的基础原理

没有策略的创意叫"艺术",有策略的创意叫"广告"。

——杰夫·里查兹

任何广告传播活动都应该是基于周密的传播计划的,而广告传播又是建立品牌、积累品牌资产的必要手段。作为文案人员,了解广告传播的基础原理是开展创意、文案撰写的第一步。

关于传播学:传播是一个编码和解码的过程,一个基本的传播过程主要由以下要素和环节构成。

一、传播者:信源,信息发出者

在广告传播中,首先要明确广告主体是谁,解决"谁在说"的问题。这个"谁"可以是单位或组织,也可以是某个具体产品。对于卖货文案来说,虽然在多数情况下,我们只是在推荐产品，但产品本身也是自带形象的。这个形象就来源于它的品牌、它的企业。所以在撰写文案之前一定要明确为谁而写，是代表产品特性还是代表品牌形象。这需要我们站在策略的角度，分析整个品牌的状况和产品在品牌生命周期中所处的位置，然后进行判断。

二、受众：信宿，信息的接收者

在广告传播中，确定了目标受众，也就解决"对谁说"的问题。这不仅是广告，也是整个营销工作中最难的环节。因为想要了解消费者是非常不容易的。

每个人都是自己生活的主体，同时也是消费活动的主体，因此也被称为"消费者"。了解消费者，就是了解产品销售给谁，了解他们的需求和购买行为习惯，知道消费者接触媒体的习惯和偏好等。

对消费者的研究主要分为两类：一是消费个体。每个人都是消费者，每个人都有不同的个性和购买习惯，对产品有不同的需求和喜好。所以从理论上来说，作为广告人是非常有必要从每个消费者的角度出发，个性化实施传播策略的。

科技的发展已经让个性化推荐成为可能。但大多数的企业主还是更愿意用"求同""求量"的思路来尽力发现消费者之间相同的喜好，还是希望以群体思路去捕捉更大规模的市场。毕竟"个性化"太依赖技术、资金、人力的支持。

尽管如此,对典型消费者个体的研究也是很有必要的。因为我们写广告的时候,是要具体到一个典型化个体形象的。对消费者个体的分析具体包括:个性、自我认知、生活方式。这些其实也是心理和行为的范畴,只不过我们再进一步细化了:个性,是一个人身上比较持久、稳定的心理特征,个性差异必然导致行为差异;自我认知,说白了就是消费者自己认为自己是什么样的人,有些人会希望保持一种"期待中的形象",希望自己选购的产品是符合自己的心理预期的。

除了对消费个体的研究,营销中更多的还是对消费群体的研究。有两个角度:

一是世代群体角度。所谓世代群体角度,就是把出生在同一时代的消费者作为一个整体,研究这个群体的消费行为模式。比如我们常说的80后、90后。不同时代的人的消费观、价值观会有明显不同。

二是消费者地位群体角度。就是把生活方式相同、地位相同的人放在一起进行研究。研究基础是具有相同的生活方式。比如大学生群体、月光族、打工族、白领等。

其实说到消费者研究,就不得不提一个广告营销中的重要工具STP,也就是市场细分理论。具体内容在前面介绍过,这里再简单回顾一下:**所谓市场细分,就是根据消**

费者需求的不同，将市场划分为若干有意义的消费者群体的过程。

STP 是战略营销的核心，也是我们开展广告传播、品牌营销的基础。其实 STP 最难的就是细分变量的选定。关于细分变量在前面章节都有详细介绍，这里只是想提示一下在进行市场细分时需要着重考虑的问题。

首先，市场分割越细，代表市场越精准，但也意味着每个细分市场上消费者的数量就越少。因此一定要考虑好到底要细分到何种程度，有时候并非越细越好。

其次，要考虑你细分的市场是否容易接近。包括媒体可以有效发挥作用吗？购买方便吗？铺货容易吗？

三、信息：传达的内容

在广告传播中，信息就是指"说什么"。这也是广告的核心。在这一步需要提醒广告创意人员和广告主的是，消费者其实是不喜欢看广告的，除非广告内容与他相关。所以，广告中最重要的信息就是"消费者利益"，最忌讳犯的错误就是认为自己的产品是个宝，一上来就一股脑全面介绍一番。

至于说什么，一切以消费者的需求为主。在电视、广播等时间限制严格的广告中，更要学会克制地说。"言简意赅""集中一点""给足利益"是原则。

在传播中,"说什么"是将信息进行编码的过程,而消费者接收信息则是在解码。这个过程是否顺畅,需要双方有一个共同的心理信息基础,也叫"共同符号储备"。什么是符号储备呢?比如消费者熟悉的语言、文化、标识、风土人情。这都需要广告创意人员去挖掘。

过年时换上中国红的包装礼盒、准备生肖年历、用熟悉的古诗词改变广告语等都是品牌借助"共同符号"帮助消费者顺利接收商家的信息编码。

四、媒介:传播渠道

媒介即传播,说的就是媒介的变迁对广告传播的影响是巨大的。在广告传播中,广告主需根据自身传播的内容、自身品牌的定位选择合适的媒介组合。同时,也要根据新兴媒介的特性,调整自身的广告内容和风格。还是那句话,当大部分广告创意都一般时,通过媒介才能创造出差异。

五、反馈:受传者对接收的信息的反应

在广告传播中,广告创意人员要考虑如何对广告信息进行有效监控,要重视消费者的反馈。

特别是在新媒体时代,我们更容易通过小范围测试,了解消费者对广告的态度和接受程度,以便调整传播方向。

以上是广告传播的完整环节和每个环节的关键要素,

有助于初学者从整体上掌握广告创作的流程，也便于针对每个环节制定周密的策略。

除此以外，广告作为一种大众传播模式，还遵循着传播学的基本原理。在此，我将华杉老师在他的著作《华与华方法》中所讲的传播的三大原理分享给大家。

第一原理：刺激反射原理

释放刺激信号，谋求行动反射。

华杉老师认为，广告传播的最终目的是顾客购买产品和服务。所以，广告文案中必须直指行动。利用刺激反射原理的广告，都是直接说动消费者的，而非停留在说清、说服层面。比如我们耳熟能详的"今年过节不收礼，收礼只收脑白金""小饿小困，喝点香飘飘""爱干净，住汉庭"都是在广告语中直接指出行动的。

第二原理：播传原理

传播的关键在于传，传达率才是关键。

华杉老师认为，传播应该是我们播了一个东西，然后让它自己传开。所以广告并不只是做给顾客看的，还要让顾客可以说给别人听，这样才能达到口口相传的目的。什么样的广告才能有利于一传十、十传百呢？我认为主要有以下几点。

1. 口语胜过书面语

"困了累了喝红牛"比"你的能量超乎你的想象"更易传播。

2. 顺口溜胜过口语

美国传播学家沃尔特·翁认为：人们对口语套话有一种天然信任，顺口溜能绕开人的心理防线，直接溜到人的脑子里去。比如"饭后百步走，能活九十九""种瓜得瓜，种豆得豆"等都能口口相传、代代流传。

3. 歌诀胜过顺口溜

广告歌的魅力是无穷的。大家还记得宋慧乔代言的步步高音乐手机广告吗？它的主题曲《我在那一角落患过伤风》，以轻快的曲调和佳人的搭配给人留下深刻的印象，只要听到歌曲就会联想到步步高手机。

还有借用儿歌改编的小霸王学习机广告：

你拍一，我拍一，小霸王出了学习机。
你拍二，我拍二，学习游戏在一块儿。
你拍三，我拍三，学习起来很简单。
……
你拍九，我拍九，21世纪在招手。

第三原理：信号能量原理

华杉老师认为，信号能量原理和刺激反射原理是相关的。第一原理是说要发出刺激信号，谋求行动反射。第三原理是说刺激信号越强，行动反射也越大。

这个原理提示我们，在做广告的时候要想办法加强信号能量。怎样做呢？首先要选择影响范围更广、更贵的媒介。

为什么选贵的？因为媒介即信息，贵的媒介本身也代表一种身份。贴在电线杆上的广告和飞机上的杂志广告给人的感觉肯定是不一样的。

为什么选影响范围广的？这个当然谁都明白，中央电视台播出广告和地方台播出广告的覆盖率肯定是不一样的。

除了媒介，在广告内容的设计上，要将最核心的利益、最有诱惑力的承诺等重要信息用大的字号、突出的字体表达，尽量用对比色、用纯色，反差要大。

既然广告传播是建立品牌、积累品牌资产的必要手段，那满足传播三大原理的广告就一定管用吗？还不够。最后还需要一个技巧，那就是重复。**一百多年前精神分析学派创始人弗洛伊德说过：对一个问题的重复超过十遍，人们就会把某个信息内化为自己的知识体系。**

人的记忆系统由感觉记忆、短时记忆和长时记忆组成。信息首先会进入感觉记忆，但在此存储的时间很短，只有1秒钟。在感觉记忆中的信息大部分会被遗忘了，只有少部分会通过维持性复述进入短时记忆中。

所谓维持性复述，说白了就是一遍遍地重复信息，如果不重复，短时记忆中的信息只能保持 15～30 秒。

要想让短时记忆中的信息进入长时记忆，则需要详尽复述。**所谓详尽复述，就是使你的广告信息与已经存在于长时记忆中的信息建立联系。简单来说，就是借用一些人们熟悉的符号、俗语、音乐、文化等作为线索敲开长时记忆的大门。

这对我们撰写广告有何启示呢？首先就是广告需要重复。即使是大品牌，也需要采用重复策略。这也是脑白金、恒源祥的广告屡次被评"俗气"却还被拿出来讨论的原因。但要说明一点，重复并不意味着完全不更新。重复的是核心诉求，而创意是可以与时俱进的。再就是广告中多用人们熟知的元素更有助于吸引注意、获得认同、帮助记忆：流传百年千年的俗语、一个民族的文化共鸣、一个地方的风俗等都是与消费者建立联系的纽带，你需要做的是发现而非发明。

第二节 广告语的创作原则和技巧

一、写广告语不是拍脑门想一句话那么简单

广告语是品牌的眼睛，它是对接品牌战略的。一句广告语，是企业形象、品牌理念或商品关键利益的高度浓缩。不管是撰写品牌广告语还是特定产品的广告语，都不是拍脑门想一句话那么简单，因为广告语首先要方向正确。靠文字游戏、噱头博眼球从来都不是广告语的真正目的。如果哪天有人让你临时帮忙想个广告语，你大可一口回绝：没有认真了解过产品和品牌背景，就好像去看病时医生不

问诊、不检查,凭感觉给你诊断一般。

二、广告语的核心作用

我认为广告语的核心作用可以归纳为一句话:让消费者认同品牌,并参与到品牌行动中来。注意这里说的广告语,也叫品牌口号,它是针对消费者来定义的。还有一种广告语不仅面向消费者,还面向自己的员工和外部的合作伙伴,其目的是希望所有人都能理解品牌所代表的含义,以便保持统一行动、统一形象。凯文·莱恩·凯勒教授在《战略品牌管理》一书中称其为"品牌箴言"。比如麦当劳的"食品、大众和乐趣"和迪士尼的"有趣的家庭娱乐",大家可以注意区分一下它和品牌广告语的差别。简单来说,当品牌所涵盖的品类越多、业务线越复杂的时候,就越需要品牌箴言来帮助品牌识别边界,明确品牌代表什么,排除什么。

三、好广告语创作的通用原则

1. 说得对——符合定位,突显差异

定位本身就是竞争视角,是品牌区分于其他品牌的独特价值所在。

2. 听得懂——去文字化思考,不用谐音

一听就懂,不用生僻字,不用拗口词,不用谐音梗。因为广告语是要传出去的,一切以便于传播为原则。

3. 记得住——简短顺口,新鲜新颖

记得住,当然就是要遵循传播原理:口语化、顺口溜、歌诀是容易记忆的形式;刺激反射原理、信号能量原理则能强化广告语的实际效果。除此以外,想要被记住还要避免千篇一律,避免与同类产品的口号"撞车"。

四、广告语分类

广告语要么代表企业和品牌的形象,要么代表具体产品带来的利益。第八章介绍广告语的时候说的三种分类其实只是划分标准不同。如果从撰写卖货文案的角度来分的话,广告语可分为两大类:品牌/企业形象和理念类(包括形象建设、观念表达、情感唤起),产品价值类(包括利益承诺、优势展示、行动号召)。

1. 品牌/企业形象和理念类

这类广告语适合有一定知名度的品牌。这样的品牌有自己清晰的定位,有核心理念,有自己的品牌人格。

当然,也不排除有些品牌进入的行业品类同质化严重,从物理层面不好挖掘产品的独特优势,而通过对消费者的深刻洞察,在无限的情感精神领域劈开一方天地,提出自己的独特主张。

- **形象建设**

中海地产

诚信卓越，精品永恒

万达

国际万达，百年企业

绿地

营造美好生活

- **观念表达**

  36氪

  让一部分人先看到未来

  蚂蚁金服

  每一个认真生活的人，都值得被认真对待

  民生银行

  不知道如何追梦，可以先开始奔跑

  诺基亚

  科技以人为本

- **情感唤起**

  三利毛巾

  妈妈给全家的爱

  银鹭八宝粥

  爱的味道

  自然堂

  你本来就很美

  爱彼迎

遇到想不到

2. 产品价值类

- **利益承诺**

    大宝

    要想皮肤好,早晚用大宝

    娃哈哈

    喝了娃哈哈,吃饭就是香

    六必治牙膏

    身体倍儿棒,吃嘛嘛香!

    汇仁肾宝

    他好你也好

- **优势展示**

    唯品会

    一家专门做特卖的网站

    金龙鱼

    1比1比1

    特仑苏

    不是所有牛奶都叫特仑苏

    酷狗

    就是歌多

- **行动号召**

简·醇

怕蔗糖，喝简·醇

唱吧

玩音乐，就上唱吧！

新东方烹饪学校

学厨师，还是新东方

益达口香糖

吃完喝完嚼益达

五、能卖货的广告语创作方法

广告本身就是追求创意的行业，诸多广告大师、行业前辈都总结了很多关于广告语的创作技巧，但其实广告语并没有固定的创作套路，就像广告文案本身也没有固定的格式一样。有的直指利益、有的宣扬某种精神、有的唤起情感……如果按照写作形式分那是无穷无尽的。本书只针对卖货文案的广告语总结了促进销售的广告语创作方法。

1. 特定场景（需求）+行动号召+产品/品牌名称

小饿小困，喝点香飘飘

小饿小困＝场景

喝＝行动号召

香飘飘＝品牌（产品）名称。

怕上火喝王老吉

怕上火＝场景需求

喝＝行动号召

王老吉＝品牌（产品）名称

注意，这里直接用香飘飘代替了香飘飘奶茶，用王老吉代替了王老吉凉茶饮料，是因为香飘飘品牌＝奶茶，王老吉＝凉茶饮料已经深入人心了。如果你的品牌旗下产品线众多，则要用完整的产品名称。

2. 独特优势＋产品/品牌名称

晒足 180 天，厨邦酱油美味鲜

晒足 180 天 ＋美味鲜＝独特优势

厨邦酱油＝产品名称

雀巢咖啡，味道好极了

味道好极了＝独特优势

雀巢咖啡＝产品名称

3. 情感价值主张＋品牌/产品名称

超能系列产品

超能女人用超能

超能洗衣液，用一次就爱上一辈子

keep

自律给我自由

欧莱雅（系列产品）

你值得拥有

采用情感价值主张的广告语，多为成熟品牌或者品牌旗下产品线众多的情况。如果品牌产品线为快消品，则采用情感诉求更为普遍。

第三节 广告标题加工技巧

美国广告界的调查表明，广告效果 50%～75% 来自标题区的力量，广告史上人们津津乐道的广告，大多是因为标题。

无论是平面广告还是新媒体时代的微信公众号软文、产品详情页，标题都应该占据最醒目的位置。

关于标题的撰写技巧和广告语一样，同样没有固定的套路，但却是有原则可以遵循的。还记得 AIDMA 法则吗？我们用它来检验文案的内在逻辑。其中 A（Attention）：提示商家需要先引起消费者对广告的关注，I（Interest）：提示商家需要提供更多关于产品和品牌的信息，使消费者产生兴趣。这两步在广告中都是靠标题和段落的小标题完成的。

有效的卖货文案标题有以下几种。

一、吸引注意

1. 新闻式

百岁糖尿病人创造生命奇迹!

(糖尿病产品)

2. 故事性

150斤胖妞晋升职场达人,爱情事业双丰收

(减肥产品)

一个失眠人的眼泪

(睡眠仪)

3. 好奇心

你见过不长毛的羊吗?

(治疗脱发的产品)

会呼吸的内衣,舒适到不敢相信

(女士内衣)

以上三种广告标题,前两种适用于在报纸、微信公众号发布的软文类广告,而第三种应用更为广泛,还可以用于详情页类广告。怎样激发好奇心呢?不一定非得用"为什么……"这样的句式,只要掌握一个原则即可,即制造冲突。什么叫冲突?就是和常识认知不符合。比如"羊和不长毛""内衣和呼吸"都是和常识认知有冲突的,通过制造这样的反差冲突,起到引起注意、激发好奇心的作用。

二、直给利益

这类标题的关键是，利益一定要准、要具体。比如"可以让你变瘦"是比较模糊的，而"1周至少瘦2斤"是可以具体感知的。

除此以外，这类标题还要避免千篇一律。因为除非你的产品本身独一无二，否则很可能出现大家宣传的利益点都一样的情况，这时候就需要你对消费者有深刻洞察，对产品和竞品有全面的了解，找出区别于其他品牌的"空隙卖点"来。

充电1分钟，通话2小时

（直接描述出手机带来的好处）

酸甜爽口，喝出曲线

（某品牌花草茶：思路是对的，但很容易雷同。需要内文和其他辅助元素加持）

三、诱导需求

这点和直接给利益相似。不同的是，它需要在给出利益之前，帮消费者"挠痒痒"。诱导需求的标题更适合非痛点型产品。这类产品有一个特点：并非消费者急需，而且选择范围还广。这时候标题的重点是挑拨欲望。

诱导需求有两种：一种是诱惑、一种是激将

诱惑：他家孩子考上清华大学就靠这个方法

激将：为什么同样的条件，别人家的孩子能考上清华大学，咱家孩子哪里差了？

诱惑：只看脸，你肯定猜不到她50岁了

激将：30岁的脸竟比50岁的脸还显老，谁能甘心？

四、背书佐证

销量、代言、推荐、网红产品、回购、好评、热卖……将这些本是用来做品牌背书、增强信赖、引导快速下单的内容提炼出来做标题也是卖货文案常用的方法。这类标题多用于以下几种情况：一是产品已经上市一段时间，形成了一定的认知度；二是产品在某些媒介上有一定的知名度，比如综艺植入、名人推荐等；三是带有一定背书的产品转战到新的渠道去销售，把曾经的"辉煌"移植过去；四是和其他类型标题一起使用，起到辅助衬托作用。

知乎高赞：这样写文案篇篇10万+

（移植知乎的高人气，发布在微信公众号等其他媒体）

累积爆卖超过92万件

（某品牌化妆品电商详情页标题）

五、元素叠加

元素叠加就是将前面几种卖货文案标题进行组合、合理排版，利用视觉效果达到强化表达的目的。这种组合式标题已经越发常见了。不知大家发现没有，如今自媒体的标题更倾向于长标题了。通常一个标题会把吸引关注、给出利益点以及与之相关的证据都表达出来。原因就是人们的注意力越发稀缺了，越发没耐心看你故弄玄虚了，所以标题即把整篇文案的内容概括完整就很常见了。不过这种组合标题也一定是有主次之分的，哪个在先，哪个在后，效果可能都会不同，在进行版面设计时一定要注意。

一夜回春的面膜，再现蛋壳肌，热销超过1700万片

（将利益和背书佐证组合）

当然，标题的创作手法还远不止这些，具体用什么类型的标题还要结合媒介特性，比如故事性标题就不太合适出现在电商详情页，而在报纸、微信公众号上发布的广告如果直接用叫卖式的标题就很容易让人直接略过。

关于标题的撰写，以上的分析只能起到抛砖引玉的作用。更多技巧和方法还需要读者朋友们自己在实践中总结，但无论从哪个角度撰写标题，都有一个共通的准则：紧扣主题。标题是为广告服务的，它起的作用是引出内文的内容，所以如果你当下的传播主题是"年终促销"，那么你的标题也要从这个角度去切入，而不能从产品利益或新闻故事的角度去挖掘。对于促销类主题的广告，产品功能的利益点往往会作为辅助出现。

第四节　广告内文结构"金三角"

说完了广告语和标题，接下来就到了广告内文。标题和广告语固然重要，但让文案人付出更多精力的其实还是在内文。

内文关乎深度说服，关乎逻辑牵引，关乎广告策略，关乎对产品、对消费者、对市场的深刻洞察，当然更关乎文案人的整体思维水平和文字水平。文案功底如何，内文见分晓。

特别是对于需要深度说服的高参与度产品，整体的逻辑性、修辞手法、消费者洞察等一切的写作策略和技巧都需要在内文中体现。

但是，因为写作对象不同、产品品类不同、品牌背景不同、传播媒介不同，所以内文的写作风格和表现形式也是千变万化。我们单纯从"写作类型"上去总结是不容易的，也是没有意义的，因为广告并不寻求"形式的统一"，它是一个充满创意与未知的工作。这是否意味着广告创作可以随性而为呢？当然不是。

大家都听过一句话,广告是带着镣铐在跳舞。的确如此,这个镣铐就是我们本书所涉及的一切关于广告创作的底层逻辑。万变不离其宗,对于内文来讲,一切的形式都是在为主题服务,尽管表现形式的次序可能会被打散打乱,但一则完整的广告内文是需要包含3个结构的,我管它叫"广告内文结构金三角",如图9-1所示。

图9-1 广告内文结构金三角

一、广告传播主题

广告传播主题也叫广告传播重点。无论广告的诉求是品牌形象、品牌理念还是新产品的特性、消费者的利益,都要有一个中心思想。广告内文的首要任务是需要把重点主题清晰明了地表达出来。

二、支持点

支持点就是对传播主题的深入解释。包括机理、特点、优势对比、品牌背书、客户证言、价格优惠、产品全面演绎、体验营销等，只要能证明传播主题的内容都属于支持点。但要注意，一个产品可选的素材多不代表所有的素材都要被安排在一则广告中。还是那句话，一切为主题服务，不能喧宾夺主。

我前面说过，在卖货广告中，产品的信息要尽可能给全，尤其是在字数没有严格限制的情况下。不过，给全不意味着没有主次。核心诉求点、核心支持点一定要靠前放，辅助卖点、辅助支持点按照与核心传播点的关系远近依次排序。

三、反应点

反应点是指消费者看到广告后的反应。对于卖货广告来说，我们最希望消费者有两个反应：记住品牌利益点和即刻的行动参与（直接下单、拿起电话咨询、填写申请表等），而且记住品牌利益点和即刻的行动参与需要是连贯动作：因为记住所以行动。但这是最理想的状态了，通常一则广告能让消费者产生一个反应就已经很难得了。

第五节 卖货广告的核心要素

1个公式：销售力 = 吸引力 × 沟通力

在卖货广告中，吸引力主要靠标题和段落小标题，以及广告整体的排版设计；而沟通力则主要靠广告内文来实现。内文要逻辑清楚、环环相扣、文字精简有力不拖沓、有理有据、有情有感。

6个问题

（1）我的产品或服务能满足你什么样的需求？（直接给利益或者制造需求感）

（2）我的产品或服务如何满足需求？（核心利益强化，导出对应的产品特点，同时要有使用者的真实感受）

（3）为什么要选择我？（各方面的优势总结和竞品的对比，能提供的品类共同点和差异点）

（4）是真的吗？（销量见证、品牌背书、质量承诺等，打消顾虑，增强信任）

（5）为什么现在买？（限时促销、优惠、有赠品、库存告急等刺激）

（6）如何买？（购买链接、订购电话、无忧售后）

6个重点

（1）传播目标——是提高销量还是建立品牌认知。

（2）信息终端目标——信息平台的读者群体。

（3）主诉求——一个鲜明的主题。

（4）副构想——一个重要的补充。

（5）关键词——让人眼前一亮、深入内心的闪光点。

（6）基调——快乐、积极、向上。

后　记

　　尽管从事文案策划工作多年,但第一次决定将多年的工作心得编写成书内心还是忐忑不安。最大的不安是深知自身知识水平和能力有限,很怕书中的观点、总结太偏于个人的狭隘认知。

　　广告行业是一个不走寻常路的行业。如果说有哪项工作常做常新,永远不担心重复乏味,那非广告莫属。哪怕你经验再丰富,在面临一个新项目、创作一则新广告时仍然需要绞尽脑汁,感受从零开始创作的"酸爽"。

　　正因如此,我一直问自己,广告创作真的能总结吗?如果不能,为什么那么多广告大师流传的经验之谈又确实让后辈如获真经?如果能,日新月异、花样繁多的广告形态靠什么来统一?但仔细想想,我确实是多虑了。世界上没有相同的人,也没有完全相同的表达。同一件事,会出现太多不同的表达方式,而这正是广告的魅力。

　　广告的作用说到底是贩卖,最终目的都指向销售。纵然形式千变万化,风格各有千秋,看似无根可依,可是依然有要遵循的准则:广告的主题永远是推销产品、服务乃

后记

至品牌理念。正是本着这一点，我才斗胆将自己多年来在一线实践工作中的所思、所感如实呈现在读者面前。希望本书能帮助非科班出身的文案从业者找到一个从策略到技巧全面贯穿起来的"线索"。顺着这条线索，使初学者感到有所依仗、不那么迷茫。

如果说遣词造句需要日积月累地修炼，那么广告背后呈现的原理、商业逻辑则是完全可以通过学习、总结快速内化成自己的方法论且为己所用的。如果你在撰写广告文案时感到无从下手，那么请打开本书，看一看，翻一翻，如果能获得一点启发，帮助你在头脑中梳理出一个思考的框架，那就是本书最大的贡献了！

最后，感谢机械工业出版社的编辑们的辛苦付出，感谢多年来支持我的家人、朋友们。鉴于自身能力和水平有限，书中难免会有疏漏和不足之处，希望获得同行前辈和广大读者的指正，我会不断改进。

参考文献

[1] 沈虹. 广告文案创意教程［M］. 北京：北京大学出版社，2008.

[2] 李婷. 品牌营销100讲［M］. 北京：机械工业出版社，2019.

[3] 管益杰，王咏. 现代广告心理学［M］. 北京：首都经济贸易大学出版社，2015.

[4] 凯勒. 战略品牌管理［M］. 4版. 吴水龙，何云，译. 北京：中国人民大学出版社，2016.

[5] A里斯，L里斯. 品牌的起源［M］. 寿雯，译. 北京：机械工业出版社，2013.

[6] 周宏桥. 就这么做产品：IT产品实战工具与全景案例［M］. 北京：机械工业出版社，2009.

[7] 华杉，华楠. 华与华方法［M］. 上海：文汇出版社，2020.

[8] 应光荣，刘方棫，姜奇平，李德深. 消费资本论纲［M］. 北京：经济科学出版社，2011.

[9] 谢德荪. 源创新［M］. 北京：五洲传播出版社，2012.